LEER

LEDA-STADT MIT BEWEGTER GESCHICHTE

Eva Requardt-Schohaus | Bernd Flessner
Fotografie: Martin Stromann

LEER

LEDA-STADT MIT BEWEGTER GESCHICHTE

Eva Requardt-Schohaus | Bernd Flessner
Fotografie: Martin Stromann

Erste vollständig überarbeitete und in Bild und
Text aktualisierte Neuauflage 2013

ISBN 978-3-939870-72-2

Bibliografische Information der Deutschen Bibliothek:
Die Deutsche Bibliothek verzeichnet diese Publikation in
der Deutschen Nationalbibliografie; detaillierte bibliografische
Daten sind im Internet über ‹http://dnb.ddb.de› abrufbar.

Verlagsanschrift:
Stellmacherstraße 14, 26506 Norden
Internet: www.skn.info
E-Mail: verlag@skn.info

Produktion: Reinhard Former / Lübbert R. Haneborger
Lektorat: Inge Straatmann, Hildegard Schepker, Erich Weege
Layout: Inge Straatmann / Wiebke Rocker
Umschlaggestaltung: Wiebke Rocker
Bildbearbeitung: Karsten Patzelt
Grundschrift: Bembo

Druck und Gesamtherstellung:
SKN Druck und Verlag GmbH & Co. KG
Printed in Germany

Fotos: Martin Stromann, © SKN Druck und Verlag / Ostfriesland Bild 2012/13
sowie S. 69 (rechts unten) Anna-Sophie Inden

LEER

LEDA-STADT MIT BEWEGTER GESCHICHTE

Eva Requardt-Schohaus | Bernd Flessner
Fotografie: Martin Stromann

Soltau-Kurier-Norden

Inhalt

■ Vorwort
Leer – Stadt mit Zukunft und Tradition 7
■ Sagenhaft: der Plytenberg 19
Wikingergrab? 20
Kultstätte? 20
Vorposten 21
■ Steinzeitkult im Westerhammrich 22
■ Ein Fisch fiel vom Himmel 29
■ Die Burgen beim Pranger 33
Fokkos Burg 33
Kampf um Leerort 34
Hanes Burgen 38
■ Mit den Webern kam der Reichtum 41
Beengtes Wohnen 43
■ Streit um den Kirchturm 49
Schütteverordnung 49
Lutherkirche 50
Katholische Kirche 53
Märtyrer 54
Große Kirche 54
■ Bauboom bei der Waage 61
Blutige Kämpfe 62
Stapelzwang 62
Wohnpackhäuser 64
Samson und Wolff 64
■ Stadt wider Willen 73
Sieg trotz Patt 74
Für Gleichheit 76
Bahn und Dock 77
Rathaus als Erbe 78
Dem Kaiser zu Ehren 79
■ Die Stadt baut einen Hafen 83
Seeschleuse 84
Deichbau 85
Bauboom 85
Brücke zur Nesse 86
Viehhof 86
Not und Elend 87
■ In den Tod getrieben 89
Hetzkampagne 90
Judenverfolgung 90
Kasernen 91
■ Leer wächst zusammen 94
Älteste Kirche und Marina Bingum 96
Klappbrücke und Emstunnel 96
Leerort: Erinnerung an die Festung 97
Höchster Turm in Nüttermoor 97
Logabirum: Die letzte Mühle und ein Zoo 98
Neue Orgeln aus Loga in alten Kirchen 99
■ Neuschwanstein in Loga 105
Philippsburg 106
Fußball im Julianenpark 108
Wiltshausen: Die letzte Fähre 109
Leda-Sperrwerk 109

■ Die Zukunft liegt im Hafen 113
Ausbildungsschiffe 114
Industriehafen 115
Bypass für den Hafen 117
Freizeithafen 118
Wohnen am Wasser 120
Industriegebiete 121
■ Die Tjalk im Museum 125
Waage und Museum 125
Spöölerklottje 126
Böke-Museum 127
Konzerte 129
■ Auf dem LEER-Pfad durch die Stadt 133
Fahrradstadt 134
Natur erleben 135
■ Oktoberfest von Ostfriesland 139

LITERATURVERZEICHNIS

■ Leer, gestern, heute, morgen. Hrsg. Stadt Leer. Leer 1973

■ Hafenstadt Leer, Jubiläumsausgabe. De Utrooper Verlag, Leer 2003

■ Leer. Niedersachsenbuch 2003. C.W. Niemeyer Druck. Hameln

■ Der Missionar Liudger und seine Bedeutung für Leer. Kleine Schriftenreihe des Stadtarchivs, Band I, Leer 1993

■ Rolf Bärenfänger/Norbert Fiks (Hrsg.), Der Plytenberg in Leer. Ein rätselhaftes Denkmal. Verlag Schuster, Leer 1995

■ Heide Braukmüller, Detlev Neumann, ZurGeschichte der Evenburg. Verlag Dr. Werner Reinhard, Leer 1996

■ Gerhard Canzler, Leer um 1900. An Ems und Leda. Verlag A. H. F. Dunkmann, Aurich 1996

■ Dietmar Damwerth, Sagen und Märchen aus Ostfriesland. Husum 1997

■ Enno Eimers, Kleine Geschichte der Stadt Leer. Verlag Schuster, Leer 1993

■ Birkhild Haussmann/Martin Stromann, Leer. Bilder einer ostfriesischen Handels- und Hafenstadt. Verlag SKN, Norden 1994

■ Hartmut Haas, Stadtführer Stadt Leer. De Utrooper Verlag, Leer o. J.

■ Ernst Müller, Braune Segel auf der Leda. Notizen aus der Geschichte des Leeraner Hafens. De Utrooper Verlag, Leer 1990

■ Ostfriesland Magazin 3/98, 2/00, 3/00, 3/01, 4/01, 9/02, 11/02, 8/03, 10/03, 8/04, 10/04, 11/04, 1/05, 2/05, 3/05, 11/05

■ Albert Wehner, Leer. Ein Bildband von Rautenberg. Leer 1990

Leer – Stadt mit Zukunft und Tradition

Es scheint paradox: Leer ist weit älter und zugleich viel jünger als die anderen ostfriesischen Städte. So gehören die Leeraner seit 805 zum Bistum Münster. Das war 2005, als die Norder die erste Erwähnung des Namens ihrer Stadt vor 750 Jahren feierten, stolze 1200 Jahre her. Die Stadtrechte erhielt Leer allerdings erst am 11. Juli 1823.

Bis dahin hatten sich die Leeraner erfolgreich gegen alle Versuche gewehrt, den blühenden Marktflecken zur Stadt zu erheben. Wer den Gallimarkt hat, der seit 1508 Käufer und Verkäufer aus dem Nordwesten und der Grenzregion nach Leer zieht, der braucht keine Stadtrechte mehr ...

Ein weiterer Widerspruch ist typisch für den Ort, der sich idyllisch zwischen die Flüsse Ems und Leda schmiegt: Schon die Ureinwohner von Leer suchten die Nähe des Wassers, blieben aber zugleich in respektvollem Abstand. Im Laufe ihrer Geschichte arbeiteten sie sich vom höher gelegenen Geestrücken beim heutigen Westerhammrich Richtung Osten zur Leda hin vor. Doch die Angst vor Überschwemmungen blieb – bis zur Einweihung der Seeschleuse im Jahre 1903.

Erst jetzt, mit dem Bau von Kapitänshäusern und Villen auf dem Nessegelände, nimmt die Stadt Leer das Wasser wirklich in ihre Mitte. Eine neue Brücke überspannt seit 2005 die Leda beim Ernst-Reuter-Platz und verbindet die reizvolle Altstadt mit dem gerade entstehenden Stadtteil, der zum Wohnen am Wasser einlädt. Die neuen Speicherhäuser der Reeder, die auf der Nesse in den Himmel ragen, beweisen, dass in der Leda-Stadt die Zukunft längst begonnen hat. Die Leeraner haben sich im wahrsten Sinne des Wortes zu neuen Ufern aufgemacht, ohne dabei jedoch die Tradition aus dem Blick zu verlieren.

Die reizvolle Symbiose von Vergangenheit und Zukunft in einer spannenden Gegenwart ist ohne die kritischen Leeraner Bürger nicht denkbar. Sie sind äußerst wachsam, wenn es darum geht, ihr Kultur- und Naturerbe für kommende Generationen zu bewahren: Die Leeraner stiegen auf die Barrikaden, als große Teile der Altstadt im Zuge einer falsch verstandenen Altstadt-Sanierung ausradiert werden sollten, sie kämpfen für die Wiederherstellung der Evenburg und der bedeutenden Logaer Parks, und sie wehren sich gegen die Zersiedelung von Wallhecken-Gebieten. Aus dem anfänglichen Gegeneinander von Stadtbehörde und Bürgern ist längst ein gedeihliches Miteinander geworden. Dadurch wurde Leer in hohem Maße zukunftsfähig im Sinne der Lokalen Agenda 21. Im Rahmen des Agenda-Prozesses entstand der LEER-Pfad, der durch die Altstadt und die faszinierenden Landschaften drumherum führt, vom Westerhammrich über die Evenburg bis zur Festung Leerort. Typisch für Leer ist gerade auch das hohe Maß an Ehrenamtlichkeit auf dem kulturellen, sozialen und sportlichen Sektor.

Ein Spaziergang durch Leer und seine verwinkelten Gassen beschert ständig neue Einblicke und Eindrücke. So führen kurze Wege, Gänge genannt, von den belebten Einkaufsstraßen zur ruhigen Uferpromenade, wo Kunstwerke wie der Neptun von Georg Willms den Blick aufs Wasser lenken. Auch Parks und Plätze, Museen und Galerien laden zum Verweilen ein. Nicht zuletzt aber ist Leer eine Stadt mit einer ganz besonderen Geschichte, die bei einem Spaziergang lebendig wird – angefangen bei der mittelalterlichen Krypta über die Burgen, Kirchen und Weberhäuser bis hin zur Waage und dem Rathaus, das erst 1894 vollendet wurde.

Dieses Buch erzählt die Geschichte(n), die dem Spaziergänger in Leer auf Schritt und Tritt begegnen. Bei der Erkundung der Stadt mit Zukunft und Tradition halfen mir insbesondere Albert Wehner und Lore Houtrouw vom Heimatverein Leer, während mich Lutz Ahrens durch die Herrlichkeit Loga führte. Bei ihnen und allen anderen möchte ich mich an dieser Stelle ganz herzlich bedanken! Mein besonderer Dank gilt auch der Stadt Leer – und dabei insbesondere Menna Hensmann – für ihre Unterstützung.

Eva Requardt-Schohaus

Die zwischen 2004 und 2007 vom Landkreis Leer aufwendig restaurierte Evenburg.

Der Hafen mit Rathaus und Waage im Hintergrund.

Blick in die Altstadt.

Die Nessebrücke verbindet seit 2006 die Innenstadt mit der Nessehalbinsel.

Die Pünte bei Wiltshausen.

Sagenhaft: der Plytenberg

Beginnt die Geschichte Leers bei dem sagenumwobenen Erdhügel, der einst die höchste Erhebung Ostfrieslands war? Mit seiner Bedeutung haben sich schon Generationen von Heimatforschern auseinandergesetzt.

Die Geschichte verschwimmt an ihren Rändern, wird unscharf, mythisch, sagenhaft. Das gilt auch für die Anfänge der ostfriesischen Stadt Leer, die auf einem Geestrücken am Zusammenfluss von Leda und Ems entstand. Es liegt daher nahe, ihren Ursprung im sagenumwobenen Plytenberg zu suchen, der am westlichen Rand von Leer liegt, 600 Meter von der heute eingedeichten Ems entfernt.

In ihm soll einst ein aus Gold und Marmor erbautes Schloss verborgen gewesen sein, in dem die Eerdmanntjes – langbärtige Zwerge mit grauen Kitteln und Zipfelmütze – den verschwundenen Goldschatz des letzten Friesenkönigs Radbod hüteten. Außerdem halfen sie allen Menschen, die gegen Mitternacht auf den Plytenberg kamen, sich dreimal gen Osten verneigten und riefen: „Eerdmanntje, Eerdmanntje, help mi! Kumm na mien Huus, ik bee di!" Das täten sie vielleicht heute noch, wenn da nicht der geizige Bauer Klaas Knieptang gewesen wäre, der auf einer einsamen Warft unweit vom Plytenberg wohnte.

Er tötete den König der Eerdmanntjes auf heimtückische Weise und raubte ihm den Schlüssel sowie die Brille, durch die man den Schatz im Berg sehen konnte. Weinend packten die Eerdmanntjes ihre Siebensachen, weckten den Fährmann von Leerort und klagten: „Uns Köning is dood, uns Köning is dood, nu mutt wi all to 't Land herut!" Der Fährmann ruderte sie ans andere Ufer und erhielt von jedem kleinen Fahrgast ein Goldstück, das dieser zuvor eingesteckt hatte.

Der Bauer aber wurde mit dem Schatz nicht glücklich, den er auf seinen größten Wagen gepackt hatte: Als er auf dem Heimweg einen großen Graben überqueren wollte, stieg der Wasserkerl riesengroß aus der Tiefe empor und erschreckte die Hengste, so dass sie zur Seite sprangen und in Panik auf die Ems zurasten. Sie verschluckte Pferde, Bauer und Schatz.

Diese Geschichte von den Eerdmanntjes, die in manchem an die Heinzelmännchen von Köln erinnert, ist aber so alt nicht: Der Schriftsteller Albrecht Janssen (1886–1972), der am westlichen Emsufer in Bingum geboren wurde, schrieb das Kunstmärchen; die Leeraner Dichterin Wilhelmine Siefkes hat es später in ihr Sagenbuch aufgenommen.

Angeregt wurde Janssen durch die Sage vom „Abzug der Ölken" (Oolken), wie die kleinen Männchen im Saterland genannt werden: Ein kleines Männchen bittet den Fährmann von Leerort, ihn mit seiner größten Pünte überzusetzen. Obwohl dieser niemanden sonst sieht, sinkt das Fahrzeug tief ins Wasser ein, und als er zum Schluss als Lohn einen Stüber pro Person verlangt, füllt sich sein Topf mit 1000 Stübern. Die Ölken sollen bei ihrem Auszug

Links: Der sagenumwobene Plytenberg.
Rechts: Herbstliche Stimmung im Julianenpark.

geklagt haben: „Der König ist tot, der König ist tot! Nun müssen wir fort!" Adalbert Kuhn und Wilhelm Schwartz veröffentlichten die kleine Geschichte 1848 in ihrem Buch „Norddeutsche Sagen, Märchen und Gebräuche", die sie „aus dem Munde des Volkes gesammelt" hatten.

Eine andere Sage erzählt von zwei Riesenfrauen, die von den Inseln Juist und Baltrum kamen. Sie hatten Dünensand in ihren Schürzen gesammelt und gingen die Ems aufwärts von Emden nach Leer. Dabei rieselte Sand aus kleinen Löchern in ihren Schürzen und bildete die Emsdeiche. Als die Riesinnen die Mündung der Leda in die Ems erreicht hatten und über den Strom hinwegsetzen wollten, riss einer von ihnen das Schürzenband. Aus dem Sand, den sie auf diese Weise verschüttete, entstand der Plytenberg.

Der ehemals zwölf Meter hohe Hügel misst heute nur noch neun Meter über dem Meeresspiegel. Aber hat er wirklich etwas mit dem Friesenkönig Radbod zu tun, der um 700 nach Christus über weite Gebiete der Nordseeküste von Dänemark bis Holland regierte? War er ein Grabhügel wie der Radbodsberg im Süden von Dunum, auf den die Friesen ihre Hoffnung setzten? Der Sage nach schläft darin der Friesenkönig, bis er eines Tages wieder aufwacht, um sich zu erheben und die friesischen Lande zu vereinen.

Die These vom Plytenberg als Grabhügel wurde durch eine zerbrochene Urne mit Knochen und Asche untermauert, die der Altertumsforscher Focke Gerdes Rose 1863 in der Nähe des Plytenbergs entdeckt hatte. Doch förderten Bohrungen im Sommer 1882 nur Sand und moorige Erdteile zutage.

Wikingergrab?

Immer wieder kam der Wunsch auf, das Rätsel des Plytenbergs durch archäologische Grabungen zu lösen, so auch vor dem hundertjährigen Stadtjubiläum 1923. Bedeutende Wurtenforscher pilgerten im August 1922 bei Mondenschein zum Plytenberg und zeigten sich tief beeindruckt, wie das Leeraner Anzeigenblatt vermerkt: „Ein künstlicher Hügel von solchen gewaltigen Massen ist auch nach Meinung der beiden Gelehrten in ganz Deutschland einzigartig." Sie stellten als Erste die These vom Wikingergrab auf. Auch der bedeutende ostfriesische Vorgeschichtsforscher Peter Zylmann, der sich 50 Jahre lang intensiv mit dem Plytenberg beschäftigt hatte, gelangte 1951 zu der Überzeugung, dass in dem Hügel ein Wikingerfürst mitsamt Schiff beigesetzt wurde. Eichenbohlenreste, die bei Bohrungen darin gefunden wurden, sowie zwei Schwerter, die Bagger Anfang des 20. Jahrhunderts beim Bau der Seeschleuse zutage befördert hatten, deutete er als Beweise für ein Bootskammergrab. Demnach wäre der Plytenberg im 9. Jahrhundert errichtet worden. Die beiden Schwerter aus dem 9. und 10. Jahrhundert, die jetzt im Leeraner Heimatmuseum zu sehen sind, haben jedoch mit Normannen nichts zu tun: Sie stammen aus einer karolingisch-fränkischen Waffenschmiede.

Kultstätte?

Diese Theorie bestätigte sich demnach genauso wenig wie eine Vielzahl weiterer phantasievoller Vermutungen. Bereits Anfang des 17. Jahrhunderts hielt man den Hügel für eine vorchristliche Kultstätte. Es wurde jahrhundertelang gerätselt, ob auf dem „Plutotoberg" der „afgod Pluto" als Gott des Reichtums und Spender des Getreidesegens vergöttert wurde, den die heidnischen Friesen auch „Holler" (Herr der Hölle) nannten. Die Ostereier-Spiele auf dem Plytenberg, die 1735 erstmals in einer Beschreibung des Amtes Leerort erwähnt werden, deuten wiederum darauf hin, dass der Hügel von alters her ein „Bliedeberg" war, auf dem Ostara, die „Blidh Regin" (fröhliche Königin), als altdeutsche Göttin der Morgenröte und des Frühlings verehrt wurde.

Nach einem Bericht des Leeraner Amtmanns Stephan Rudolph Kettler war der Plytenberg einst Ausgangspunkt einer Wallfahrt nach Marienhafe, die über ein altes Wegesystem führte: den Olde- und Conrebbersweg (Königradbodsweg). Tatsächlich gab es in Niedersachsen zwölf Plytenberge, die alle im Norden lagen, meist an Gewässern; unter anderem im Wiarder Hammrich (bei Jever) und in Crildumersiel (bei Horumersiel). Letzterer wird 1592 als Hexentanzplatz erwähnt.

Auch der Name gibt Rätsel auf. Eggerik Beninga, der 1525 Drost von Leerort wurde, erwähnt als Erster den „plitenberch" in der „Cronica der Friesen", ohne ihn jedoch näher zu erläutern. Er könnte in Hinblick auf die österlichen Spiele von „blyde" (froh) abgeleitet sein oder von „pleiten", altfriesisch „plaitia" (einen Rechtshandel führen, prozessieren). Danach wäre der Plytenberg eine Gerichtsstätte, ein

Die Funktion des Plytenberg blieb lange rätselhaft.

Thingplatz gewesen. Auf einer Veduta von 1645, der ersten zeichnerischen Darstellung von Leer, hat der „plutobergh" eine abgeflachte Kuppe. Im Niederdeutschen, das sich im 16. Jahrhundert als Schriftsprache durchgesetzt hat, bedeutet „plite" nichts anderes als „platt", „flach"; vermutlich hat der Plytenberg seinen Flurnamen im 15. Jahrhundert erhalten. Der flache Berg könnte auch ein Burghügel gewesen sein, auf dem eine so genannte Motte stand.

Im Zuge der Auseinandersetzungen, die auf die Französische Revolution folgten, rückten die Franzosen 1795 gegen das Rheiderland vor, und die Engländer errichteten zur Abwehr eine Batterie auf dem Hügel. Dabei gruben sie die Hügelkrone so ab, dass rundherum eine Brustwehr stehenblieb. Heute noch weist der Plytenberg Dellen auf, die vermutlich beim Transport des Geschützes entstanden.

Bohrungen, die unter anderem 1882, 1951 und schließlich 1992 von der Arbeitsgemeinschaft Plytenberg unter der Leitung des Archäologen Dr. Rolf Bärenfänger vorgenommen wurden, ergaben, dass der Hügel aus einem fünf Meter hohen Plaggenkern mit einem Durchmesser von 30 Metern besteht. Darüber wurde mit Torf durchsetzter Sand geschichtet, so dass der Gesamtdurchmesser 64 Meter beträgt. Ein Graben- und Wallsystem, das zu einer Burganlage gehört, fehlt jedoch.

Dass der Plytenberg einst an den alten niederemsischen Deich anschloss, der wiederum am Eilsumer Deichgatt endete, legt eine weitere Vermutung nahe: Auf ihm könnten die Hauptdeichschauen abgehalten worden sein, die traditionell mit einem Deichgericht unter freiem Himmel verbunden waren. Die Arbeitsgemeinschaft Plytenberg kam zu dem Schluss, dass der angrenzende Deich, von dem noch ein Rest erhalten ist, vor allem den Heerweg nach Emden sicherte.

Vorposten

Der Plytenberg selbst hat nach ihren Erkenntnissen keinerlei vor- und frühgeschichtlichen Ursprünge, sondern muss in Zusammenhang mit der mittelalterlichen Festung Leerort gesehen werden. Sie wurde ab 1435 von den Hamburgern in der tiefer gelegenen Flussmarsch ausgebaut, um die Einfahrt in die Leda zu sichern und den Schiffsverkehr auf der Ems zu kontrollieren. „Weiter nach Norden war der Emsverlauf nicht mehr einsehbar, was besonders für die Biegung nach Westen bei Bingumer Sand galt", stellt Bärenfänger in dem von ihm und Norbert Fiks herausgegebenen Buch „Der Plytenberg in Leer" fest, in dem die Ergebnisse der Arbeitsgemeinschaft zusammengetragen sind. Der Hügel diente als Ausguck und Vorposten: Von hier aus konnten Schiffe gemeldet werden, sobald sie Soltborg passiert hatten.

Heute erinnert nichts mehr an die mittelalterliche Vergangenheit: Die Festung Leerort ist bis auf wenige Spuren vom Erdboden verschwunden und der Plytenberg nur noch ein Hügel, der sich hinter den Berufsbildenden Schulen (BBS) erhebt. Statt auf die Ems schaut man von dort aus auf die Emsstraße, wie die Schnellstraße B 436 auch genannt wird. Für Erdmanntjes ist in dieser prosaischen Zeit kein Raum mehr – abgesehen von der gleichnamigen Kindergruppe des Heimatvereins Leer, die von Lore Houtrouw ins Leben gerufen wurde. Ein wenig Romantik kommt nur noch durch die Linde auf, die 1898 oben auf dem Plytenberg gepflanzt wurde.

Steinzeit-Kult im Westerhammrich

Das heutige Naherholungsgebiet war einst das kultisch-religiöse Zentrum von Leer. Vermutlich schon in der Steinzeit ließen sich Menschen in der leicht hügeligen Urlandschaft am Zusammenfluss von Ems und Leda nieder. Auf dem Ausläufer der Ostfriesisch-Oldenburgischen Geest, der auf seinem höchsten Punkt 6,80 Meter über Normalnull liegt, fühlten sie sich sicher vor Überschwemmungen. Sie rodeten die Wälder und ernährten sich von Fischfang und Landwirtschaft. Der Name Leer leitet sich von dem germanischen „Hleri" (auch „lar" oder „hlar") ab, und das ist nichts anderes als ein umzäunter Weideplatz.

Die ersten Ackerbauern und Viehhalter der Region tauchten im Neolithikum, der Jungsteinzeit, auf. In Nord- und Nordwestdeutschland tranken sie aus trichterförmigen Bechern mit tief eingestochenen Mustern. 1964 entdecken zwei Studenten, die Gebrüder Hartog, im Westerhammrich am westlichen Stadtrand von Leer zahlreiche Überreste dieser typischen Gefäße, die den Toten mit Speis und Trank beigegeben wurden, nebst einer seltenen Steinaxt. Sie schließen aus der Vielzahl der Funde, dass dort ursprünglich das kultisch-religiöse Zentrum von Leer war.

Die Scherbenhaufen weisen auf den Standort eines imposanten Großsteingrabs aus der mittleren Jungsteinzeit hin. In Ostfriesland wurden bislang nur vier Begräbnisstätten aus dieser Zeit (zirka 3800 bis 2800 vor Christus) gefunden. Von der großen, aus Findlingen aufgeschichteten Grabkammer ist im Wester-

Das Naherholungsgebiet Westerhammrich.

hammrich jedoch nichts übrig geblieben: Die Menschen des Mittelalters konnten die Steine für den Kirchbau gut gebrauchen, und zu Beginn der 1960er Jahre wurde die Geestkuppe im Westerhammrich ohne Rücksicht auf Verluste ausgesandet.

Als 1992 eine Diskothek im neuen Gewerbegebiet Westerhammrich errichtet werden sollte, hatten die Archäologen der Ostfriesischen Landschaft endlich Gelegenheit, einen Geländestreifen nördlich vom zerstörten Megalithgrab ausgiebig zu untersuchen. Insgesamt dauerte die Ausgrabung sechs Jahre, bis Ende 1998, wobei unter anderem die Überreste von zwei Gräberfeldern zutage gefördert wurden. Im älteren waren 26 Menschen beigesetzt worden, von denen jeweils nur eine flache Anhäufung verbrannter Knochen übrig blieb. Sieben Gräber wiesen Gefäße auf, die vom Typ her aus der letzten Phase der Trichterbecherkultur stammen, der so genannten Havelte-Stufe; auf einem Leichenbrand lag ein Flintbeil.

Nach Radiokarbonmessungen der verbrannten Knochen stammen die Gräber aus der Zeit zwischen 2900 und 2700 vor Christus. „Damit liegt erstmals in Nordwestdeutschland ein so früher Beleg für die Brandbestattungssitte vor, die allgemein erst 1000 Jahre später, während der mittleren Bronzezeit, gebräuchlich wurde“, stellt der Archäologe Dr. Rolf Bärenfänger in einer 2003 erschienenen Abhandlung fest. Die Knochen, die paradoxerweise durch die Verbrennung überdauert haben, sind die wohl ältesten im norddeutschen Küstenraum.

An dieses Gräberfeld schließen insgesamt 17 Erdgräber der Einzelgrabkultur (2800–2000 vor Christus) an; es ist bislang der größte Friedhof dieser Zeitstufe in Niedersachsen. Die Toten, die in hockender Stellung und Seitenlage beigesetzt wurden, bekamen reich verzierte Becher, geschliffene Steinbeile, Flintklingen und -messer mit auf den Weg ins Jenseits.

Siedlungsgruben und Pfostenspuren aus der Steinzeit weisen darauf hin, dass auch Nortmoor lange besiedelt war. In Logabirumerfeld tauchten gar Funde aus der Mittelsteinzeit, dem Mesolithikum (8000–3200 vor Christus) auf. Die Steinzeit-Metropolen entwickelten sich jedoch nicht weiter: Auf dem Westerhammrich wohnte vermutlich schon in der Bronzezeit (1800–750 vor Chrisus) niemand mehr. Dafür gab es 1895 noch 52 Grabhügel aus dieser Zeit in Loga-

Schwerter aus dem 9. und 10. Jahrhundert und steinzeitliche Keramik (unten) im Heimatmuseum.

birum, von denen 1936 noch zehn übrig waren. In sechs Gräbern, die bei Ausgrabungen näher untersucht wurden, fanden die Archäologen Hinweise auf die Becherkulturen und die frühe Bronzezeit. Bis heute überdauerten nur zwei Grabhügel in einem kleinen Gehölzstreifen.

Auch der Große Roßberg in Leer war anscheinend ein flacher Grabhügel. Als er 1879 abgetragen wurde, förderten die Arbeiter unter anderem eine Urne zutage, die auf eine erste Besiedlung Leers in der Urnenfelderzeit (zirka 1200–750 vor Christus) hinweist. Bei dieser neuen Bestattungsform der jüngeren Bronzezeit wurden die Leichen zu Asche verbrannt und in Tongefäßen dicht an dicht beigesetzt. Auf diese Weise entstanden ausgedehnte Gräberfelder. Die Funde aus dem Roßberg sind im Leeraner Heimatmuseum zu sehen.

Die nächsten Spuren aus der Vorgeschichte, die im Stadtgebiet auftauchen, sind rund 1000 Jahre jünger. Auf dem Kasernengelände an der heutigen Papen-

Das in der Neuen Straße gelegene Heimatmuseum

burger Straße deuten Gruben und Brunnen auf eine Besiedlung während der späten Eisen- oder frühen römischen Kaiserzeit hin. In dieser Epoche war der an der Ems gelegene Leeraner Westerhammrich von wirtschaftlich überragender Bedeutung.

Die Archäologen entdeckten dort zwar keine Spuren von Wohnbebauung mehr, aber ein Dutzend Brunnen und einige Gruben-Ensembles, die vermutlich als Werkstätten dienten. Darin fanden sie Gefäßscherben, Glasbruchstücke und darüber hinaus eine mindestens 1800 Jahre alte Bronzestatuette des Kriegsgottes Mars, die vermutlich eingeschmolzen werden sollte – Luxusgüter aus dem Römischen Imperium, mit dem die Leeraner allem Anschein nach einen schwunghaften Handel trieben. Bekannt ist, dass 12 vor Christus eine römische Flotte in die Ems fuhr.

Vielleicht besuchte der römische Feldherr Germanicus den Handelsplatz an der Ems, die er im Jahr 15 nach Christus befuhr, um den Ort der Varusschlacht aufzusuchen. Wer weiß? In den 1970er Jahren fand man am linken Emsufer in Bentumersiel Ausrüstungsgegenstände des römischen Heeres, die aus der spätaugusteisch-tiberischen Zeit stammen. Mit dem Zusammenbruch des Römischen Reiches, so viel steht fest, war Schluss mit dem regen Handel an der Ems. Vermutlich haben die Menschen den Westerhammrich im 4. Jahrhundert aufgegeben, denn es wurden dort keinerlei Relikte aus der anschließenden Völkerwanderungszeit gefunden. Vielleicht zogen sie nach Loga. Dort stieß man bei Ausgrabungen in den 1990ern auf eine Siedlung des 4. und 5. Jahrhunderts.

Blick aus der Luft über die Innenstadt und die Nessehalbinsel.

J. G. Simons
Stud. theol.
gest. d. 27 Dec. 1856.

Ein Fisch fiel vom Himmel

Durch das Wirken des heiligen Liudger taucht Leer aus dem Dunkel der Geschichte auf. An ihn erinnert heute noch die Krypta der alten reformierten Kirche.

Mitte des 19. Jahrhunderts beschwerten sich die Leeraner Dienstboten, weil sie ständig Stör essen mussten. Heute gibt es in Ems und Leda so gut wie keine Störe mehr, sind die Zeiten des Fischreichtums vorbei. Darüber informiert eine Tafel des Stadtökologischen LEER-Pfads am Freizeithafen. Und sie erinnert an das Fischwunder von Leer, bei dem ein Stör vom Himmel fiel.

Wie Altfrid, dritter Bischof von Münster und Neffe des Friesenapostels Liudger, um 850 in der „Vita sancti Liudgeri" berichtet, bat der Heilige die Leeraner Fischer im Herbst 789 oder 790, ihm einen Stör zu fangen. Als ihn die Fischer darauf hinwiesen, dass die Zeit dafür längst vorbei sei, sagte er ihnen: „Gehet nur hin und tut, wie euch geheißen! Gott der Allmächtige kann den Seinen jederzeit alles gewähren, was ihnen fehlt!" Gehorsam warfen sie ihre Netze aus und sahen verwundert, wie ein großer Vogel vom Himmel ins Wasser stürzte, so dass die Wellen an beiden Seiten über die Ufer schwappten. Just an dieser Stelle fingen sie einen riesigen Stör.

Diese Geschichte schrieb Altfrid rund 40 Jahre nach dem Tod seines Onkels, des ersten Bischofs von Münster, der am 26. März 809 in Billerbeck starb. In der von ihm verfassten Lebensbeschreibung Liudgers wird Leer zum ersten Mal erwähnt: „Hleri iuxta ad fluvium Lade" („Leer liegt am Fluss Lade"). Der Friese, der 742 in der Nähe von Utrecht zur Welt kam, begegnete dem Missionar Bonifatius, kurz bevor dieser im Frühjahr 754 bei Dokkum von den Friesen ermordet wurde. Noch vor seiner Priesterweihe 777 wurde Liudger selbst von Karl dem Großen in das friesische Missionsgebiet geschickt, wo er unter anderem in Dokkum mit Erfolg wirkte. 787 ernannte ihn Karl der Große zum Missionsleiter für das mittlere Friesland. In dieser Zeit, die mit dem Sachsen- und Friesenaufstand 792 endete, gründete er mehrere Kirchen in Ostfriesland, die erste vermutlich in Leer. Der hölzerne Bau entstand um 790 auf einem aus Plaggen und humosem Sand aufgeschichteten Hügel in unmittelbarer Nähe des Plytenbergs. Als es 792 zu einer Erhebung der Ostfriesen kam, verließ Liudger den Nordwesten und ließ ein Jahr später in Münster eine dreischiffige Basilika (Monasterium) errichten, nach der die westfälische Stadt benannt wurde.

Seit der Friesenapostel 805 zum ersten Bischof von Münster ernannt wurde, gehört Leer zu seinem Bistum. Die Benediktinerabtei Werden, die Liudger 800 als Eigenkloster gegründet hatte, richtete im 9. Jahrhundert Wirtschaftshöfe in Leer, Loga und Weener ein. Im „Werdener Urbar" sind die Orte und Kirchspiele aufgeführt, die Abgaben an die Abtei zahlen mussten; bis 1250 führten die Mönche säuberlich Buch über ihre Einnahmen. Bereits in der ersten Eintragung um 930 werden Leer und 14 weitere

Links: Der Friedhof bei der Krypta.
Rechts: Alte Figurengrabsteine an der Krypta.

Seit 1958 dient die Krypta als Gedenkstätte für die Opfer der Weltkriege. – Rechts: Die Evenburg-Allee.

Orte aus dem Landkreis erwähnt, darunter Loga und Bingum. 1250 ließ sich ein Propst in dem kleinen ostfriesischen Ort nieder, womit Leer Propstei wurde – noch dazu eine der größten im Bistum Münster; insgesamt richtete der Bischof 1250 sieben Propsteien in Ostfriesland ein.

Die Leeraner Urkirche gibt es seit langem nicht mehr. Doch wurde an ihrer Stelle, wenn auch etwas versetzt, um 1190 eine Steinkirche gebaut – ein schlichter Saalbau mit zwei halbrunden Apsiden. Im 15. Jahrhundert kam ein polygonaler Chor dazu, dessen Dachfirst den des Kirchenschiffes überragte. Einen kleinen Eindruck davon vermittelt die ähnlich gebaute Kirche in Petkum. Vom Leeraner Gotteshaus ist jedoch nur die Krypta übrig geblieben, über deren zwei Kirchenschiffe sich ursprünglich schwere Tonnengewölbe spannten. Nach einem Decken-Einsturz an der Nordseite um 1260 wurden sie durch zwei Joche mit treppenförmig profilierten Kreuzbandrippengewölben ersetzt, die von eigens dafür aufgemauerten Pfeilern gestützt werden. Die Oberkirche, die erheblich unter der verheerenden Weihnachtsflut von 1717 gelitten hatte, wurde 1785/86 abgebrochen; mit den alten Steinen bauten die Leeraner eine neue reformierte Kirche im neuen Ortskern.

Recycling – auch wenn es dieses neudeutsche Wort noch nicht lange gibt – wurde in Leer von Anfang an großgeschrieben: So dürften die gewaltigen Findlinge, die beim Bau der Grabkammern der Unterkirche verwendet wurden, aus dem verschwundenen Megalithgrab im Westerhammrich stammen. Somit liegen die Anfänge Leers unter einem Rasenhügel auf dem alten reformierten Friedhof. Noch ein bedeutendes Datum aus der Geschichte Leers ist mit diesem Ort verbunden: Als Leer 1508 das Marktrecht erhielt, richteten die Leeraner ihre Waage in dem Glockenturm ein, der an der Nordostecke der Kirche stand.

An der Ostseite der Krypta lehnen seit 1925 einige Figurengrabsteine aus dem 16. und 17. Jahrhundert. Sie stammen von bedeutenden Bürger- und Adelsfamilien, deren Angehörige in der zweiten Leeraner Kirche beigesetzt wurden. Der älteste Grabstein, ein rötlicher Sandstein aus dem Jahr 1514, ist Johans Lenghen gewidmet. Auch Jost Hane, der Neffe des Erbauers der Haneburg, wurde auf diese Weise verewigt – neben den Renaissance-Grabmalen von Arendt Frese und Ortgise von Wersabe, Drost von Leerort. Letzterer starb am 19. August 1617 mit 55 Jahren im 25. Amtsjahr. Beide Entschlafenen werden in voller Ritterrüstung dargestellt, umgeben von den Wappen der Familie. Die Inschrift auf dem Grabstein von Arendt Frese lautet: „ANNO DOMINI 1582 DEN 22 IVLY IS DER EDLER VND EERENVESTER JONCKER ARENDT FRESE THO VTTVM VNDT HINTE HOVETLINGK THO LEHR SEHLICH IN DEN HEREN ENTSLAPEN."

1955 fand man bei Ausgrabungen in der südlichen Apsis der Unterkirche das Fundament eines Altars und ein Grab; vermutlich wurde hier einer der Kirchenstifter zur letzten Ruhe gebettet. Seit der Restaurierung im Jahre 1958 dient die Krypta als Gedenkstätte für die Opfer der Weltkriege. Aber Liudger ist nicht vergessen: Auf einer Tafel neben dem Eingang zur Krypta prangt Altfrids Originaltext vom Leeraner Fischwunder, mit dem alles begann.

Die Burgen beim Pranger

Die Häuptlingsburg von Fokko Ukena und die Festung in Leerort wurden dem Erdboden gleichgemacht. So erinnert heute in Leer nur noch wenig an das Mittelalter. Dazu gehört die Harderwykenburg an der Alten Marktstraße.

Weil die Leeraner sehr sparsam mit ihren Baumaterialien umgingen, gibt es in der Stadt kaum steinerne Zeugen aus dem Mittelalter – von der Krypta der zweiten Leeraner Kirche und der romanischen Sandsteintaufe einmal abgesehen, die heute in der Großen Kirche in Leer steht. Um Leer herum – in Bingum, Loga, Logabirum und Nüttermoor – allerdings haben die mittelalterlichen Gotteshäuser überdauert.

Freie Bürger und Bauern lebten im Mittelalter nicht in Gebäuden aus Stein, sondern in reetgedeckten Fachwerkhäusern mit einer offenen Feuerstelle und einem Fußboden aus Lehm. Sie standen am Oster- und Westerende von Leer. Diese Bezirke, die von Bauernrichtern bis zur Verleihung der Stadtrechte im Jahr 1823 verwaltet wurden, entwickelten sich vermutlich im 12. Jahrhundert. Das Westerende beim Plytenberg bildete ursprünglich mit der Alten Marktstraße nebst Kirch- und Kreuzstraße den Ortskern des mittelalterlichen Dorfes.

Im Zentrum – dort, wo die Straßenzüge Westerende, Alte Marktstraße und Kirchstraße zusammentrafen – war neben dem öffentlichen Brunnen (Pütte) ein Pfahl mit einem Halseisen (Kaak) aufgestellt worden. Wer den Handel betrogen oder gegen den Marktfrieden verstoßen hatte, wurde an diesen Pranger gestellt. Bei der Kaakspütte am alten Markt beim Borromäus-Hospital fand am St.-Gallus-Tag, dem 16. Oktober 1508, der erste Gallimarkt statt. Heute erinnert eine kleine Anlage mit einer Pumpe an den ehemaligen Standort von Brunnen und Pranger.

Links: Die Harderwykenburg.
Rechts: Die Kaakspütte am alten Markt.

Fokkos Burg

In unmittelbarer Nähe ließ der Leeraner Häuptling Fokko Ukena, der 1360 in Edermoor (Neermoor) geboren war, auf dem höchsten Punkt von Leer 1421 eine prächtige Burg errichten, die so genannte Fokkenburg. Dort hielt er jahrelang Okko II. tom Brok gefangen, dessen Vormund er pikanterweise war. Fokko hatte Okko II. am 28. Oktober 1427 in der berühmten Schlacht auf den Wilden Äckern (nahe Marienhafe) mit militärischer Unterstützung des Bischofs von Münster besiegt. Damit war er der mächtigste Häuptling von Ostfriesland.

Seine Herrschaft währte jedoch nicht lange. Weil Ukena den Landesgemeinden – aus den alten Gauen der Karolingerzeit hervorgegangene Bauernrepubliken mit gewählten Ratgebern und Richtern – nicht die erhoffte Friesische Freiheit gab, schlossen sich die übrigen Häuptlinge zum Freiheitsbund der Sieben Seelande zusammen. Unter Führung von Enno Cirksena belagerten sie die Fokkenburg ein halbes Jahr lang. Kurz vor der Eroberung am 16. Oktober 1431 konnte Fokko jedoch fliehen; vermutlich über-

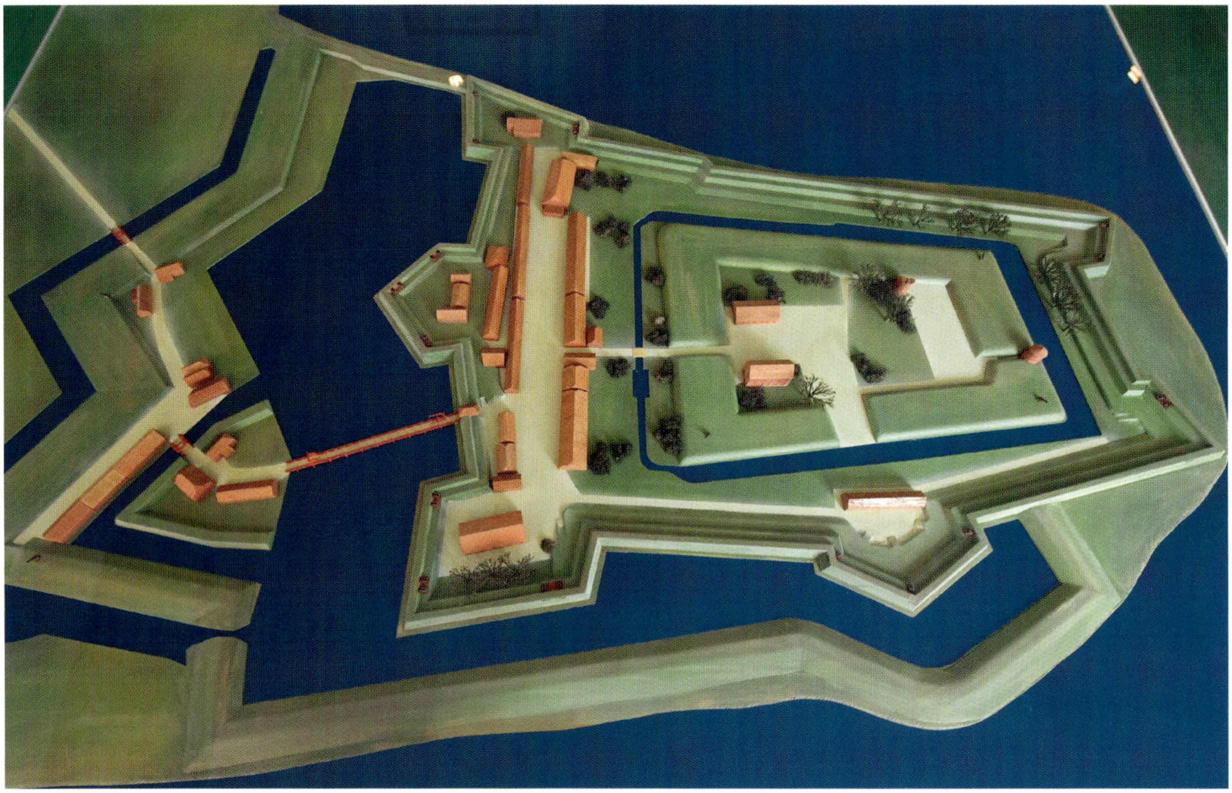

Modell der Festung Leerort.

wand er den Burggraben in einer Tonne. Er starb 1436 in Appingedam – im selben Jahr wie sein Gegner Okko II.

An die 1431 geschleifte Burg von Ukena erinnert heute nur noch der Steinburgsgang, der von der Kirchstraße abzweigend am Borromäus-Hospital entlang führt. Er liegt neben der ehemaligen Burgstelle, die in Gärten (Steenborgstunen) verwandelt wurde. Bei einer Notgrabung hinter dem Borromäus-Hospital wurde lediglich ein Wassergraben lokalisiert, der zur Burg gehört haben könnte.

Kampf um Leerort

Die Hamburger konnten die Steine der alten Burg gut gebrauchen: Aus den Trümmern errichteten sie – ob 1432 oder 1450, da streiten sich die Gelehrten – eine Festung auf der schmalen Landzunge im Mündungswinkel von Leda und Ems, die sie Leerort nannten („Ort" bedeutet „Spitze"). Der plattdeutsche Name „Noort" rührt wahrscheinlich von der Lagebeschreibung „Up den Oort" her. Mit der Anlage sicherten sie die Handelswege der Hanse vor den Seeräubern, denen die verfeindeten ostfriesischen Häuptlinge Okko tom Brok und Fokko Ukena Unterschlupf gewährt hatten. Von 1437 bis 1611 war die Festung Mittelpunkt eines Amtes, das die Vogteien (Unterbezirke) Leer (Moormer Vogtei), Bingum, Bunde, Weener und Overledingen (Esklumer Vogtei) umfasste.

Als Pfandbesitz übergaben die Hamburger 1453 die erweiterte Wehranlage dem Junker Ulrich Cirksena aus Greetsiel, der im Jahr darauf der erste Graf Ostfrieslands wurde. 40 Jahre später kaufte dessen Sohn Edzard der Große den Hamburgern die Rechte auf Emden und Leerort ab und erweiterte die Festung 1502 um eine Burg, die sein Nachfolger Enno II. mit drei Bastionen, einem Graben und einer Zugbrücke ausstattete.

In Leerort bekam die Geschichte Ostfrieslands 1514 eine entscheidende Wendung. Während der Sächsischen Fehde 1514 hatte Herzog Heinrich von Braunschweig-Wolfenbüttel fast ganz Ostfriesland erobert – bis auf Emden und die Festung Leerort. Er belagerte sie zehn Tage lang mit 20000 Mann, doch ihr Kommandant Johann von Soest gab nicht auf, wie in der Überlieferung erzählt wird. „Was tust du da auf dem Totenkasten?", höhnte Herzog Heinrich, nicht ahnend,

Mittelalterliche Stadtansicht.

dass er den 24. Juni 1514 nicht überleben würde. Weil Pulverdampf die Augen des Geschützmeisters Sicke am Rheiderländer Ufer trübte, trat sein 16-jähriger Sohn Hans Jacobs an seine Stelle. Die von ihm abgefeuerte Kanonenkugel soll den Kopf von Herzog Heinrich zertrümmert haben, der sich gerade in seinem Lager am Plytenberg aufhielt.

Eggerik Beninga, der Häuptling zu Grimersum und Borssum, den Edzard der Große als Drost zu Leerort eingesetzt hatte, ließ die Befestigungswerke verstärken; er starb 1562 auf der Burg. Der reformierte Graf Johann, der sich 1589 die Grafschaft Ostfriesland mit seinem lutherischen Bruder Edzard II. teilte, baute Leerort zur Residenz aus.

Wie sie einst aussah, hat der Amtmann Stephan Rudolph Kettler in seiner „Beschreibung des Hauses und Ambtes Leerort" von 1735 überliefert: Im oberen Teil der Festung, die von gewaltigen Wällen umgeben war, befanden sich neben der kleinen Kirche die Wohnung des Kommandanten und der Offiziere sowie die Unterkünfte der Mannschaften. Im unteren Teil wohnte der Burggraf im „Regthuus", an dessen Giebel die Insignien des ostfriesischen Herrscherhauses prangten. Zwei Pulvertürme flankierten das Haus des Drosten. 26 neun- bis 14-pfündige Kanonen schützten das Kastell, von dem nur ein Weg, der „hoog Weg", nach Leerort führte.

Innerhalb der Festungsmauern gab es auch eine Gastwirtschaft, den „Burgkrug", der ab 1611 „Zum Prinzen von Oranien" hieß. In dieser Zeit besetzten niederländische Truppen die Festung, um den Osterhusischen Akkord (einen Vertrag zwischen dem Grafen und den Landständen) zu überwachen. 1712 begannen die Niederländer mit dem Abriss, den Friedrich der Große vollendete. Um 1720 hatten sie bereits einen Teil der Burg, das so genannte Sommerhaus Edzards des Großen, abgebrochen. Als der Preußenkönig Ostfriesland 1744 übernahm, ließ er die Festung Leerort mitsamt der Garnisonskirche auf Abbruch verkaufen. Sie verschwand von 1754 bis 1760 von der Bildfläche.

Die Kanzel der abgerissenen Garnisonskirche kam nach Esklum; Altargerät, Brotteller, Kelch und Silber erhielt die niederländische Gemeinde Bourtange. Dort lässt sich eine mit Leerort vergleichbare bewohnte Festungsanlage erleben. Sie wurde in den 1960er Jahren in den größten Ausmaßen, die sie 1742 erreichte, rekonstruiert.

Die Haneburg beherbergt heute einen Teil der Volkshochschule Leer.

Das barocke Portal im Innenhof der Haneburg.

Hanes Burgen

Zu den ältesten Burgen Ostfrieslands, die bis heute erhalten sind, gehört die Harderwykenburg am Harderwykensteg in Leer. Der Erbe Fokko Ukenas, Hayo Unken, ließ den zweigeschossigen Wohnturm mit dem 1,20 Meter dicken grauen Mauerwerk um 1480 als Fluchtburg errichten. Das alte Gemäuer erinnert nicht nur mit seinen seltsamen Proportionen (es misst 11,17 mal 8,15 Meter) an das etwa gleich große Steinhaus von Bunderhee. „Ursprünglich führte eine gar winzige Thüröffnung in das Innere der Burg", schrieb der 1698 in Leer geborene Prediger Wessel Oncken. „Eine Leiter, den Verbindungsweg nach oben und den inneren Räumen herstellend, konnte beim Herannahen der Feinde mit Leichtigkeit emporgezogen werden."

Ein Schaubild zeigt schon 1645 ein komfortables Wohn- und Wirtschaftsgebäude an der Südseite. Der zweigeschossige Anbau, der heute mit einer 1888 errichteten Freitreppe an den Turm anschließt, stammt vermutlich aus dem 18. Jahrhundert. Nach dem Tode von Hayo Unken IV., der keine männlichen Nachkommen hatte, übernahm sein Schwiegersohn, der Leeraner Amtmann Harderwyk, den Wohnturm, gab ihm den Namen „Harderwykenburg" und bezeichnete sich selbst in einigen Urkunden als „Häuptling zu Leer". Doch schon die Witwe seines Sohnes sah sich gezwungen, das Anwesen an Wilhelm Conders zu Helpen zu verkaufen, den Kommandanten der Festung Leerort.

Ausgerechnet im Saal der Harderwykenburg wurde 1623 bei einem Festmahl für die Offiziere des Grafen von Mansfeld das Todesurteil über die anwesende schöne Anna Rosina, die Gemahlin des Obersten Carpitzo, gefällt: Ihr Gemahl erfuhr bei dieser Gelegenheit, dass sich seine Ehefrau, die er sehr vernachlässigt hatte, des Öfteren mit dem jungen Leutnant von Wolda traf. Anna Rosina hatte keine Chance: Noch am selben Tag vollzog der Scharfrichter des Regiments in Jemgum die Hinrichtung mit dem Richtschwert, einem langen Zweihänder.

1657 erwarb Jost Hane, gräflicher Drost zu Stickhausen, die alte Wohnburg für 36 000 Gulden. Eine Steintafel mit seinem Namen, die er an der Außenmauer anbrachte, trägt die Jahreszahl 1664. In dieser Zeit ließ er vermutlich die beiden Treppengiebel aufsetzen. Sein Nachkomme Justus Henrik Hane, Drost zu Leer, starb 1778 kinderlos und vererbte das Anwesen an seine Schwester.

Zwei Löwen halten am Eingangstor die Wacht.

Seit dem 6. Oktober 1788 gehört die Harderwykenburg zum Eigentum der Freiherren zu Knyphausen. Sie stand just zum Verkauf, als Carl Gustav, der jüngere Bruder des Grafen Edzard Mauritz zu Inn- und Knyphausen (1748–1824), für die Aufnahme in das „Corpus der hierländischen Ritterschaft“ ein adeliges „immatrikuliertes Gut“ suchte. Die Harderwykenburg ist nicht für die Öffentlichkeit zugänglich, wohl aber der mit verschiedenen Baumarten bestandene 4400 Quadratmeter große parkartige Garten, der zur Route der Gartenkultur gehört. Er bildet wie der Park der Haneburg, die an der Blinke liegt, eine grüne Insel mitten in der historischen Altstadt von Leer. Laut einer Inschrift über dem zugemauerten Eingangstor des Westflügels gehörte letztere ebenfalls „Joest Hane zu Werff, Lihr und Uttum“. Das älteste Gebäude, in dem ein Rittersaal im Obergeschoss untergebracht ist, hatte Claes Freese, Drost auf der Festung Leerort, 1570 erbaut. Er war der Sohn des 1527 gestorbenen Kreuzritters Victor Frese, Häuptling zu Loquard und Uttum, und zugleich Großvater von Jost Hanes Frau Adde, deren Mutter wiederum eine Tochter von Hayo Unken war.

Jost Hane baute das ursprüngliche Freesenhuus von 1619 bis 1621 zu einem Wohnschloss im Renaissancestil um, erweiterte das Querhaus um einen Westflügel und gab dem Anwesen den Namen „Haneburg“. Den ehemaligen Herrensitz schmücken seitdem Hausteingiebel, horizontale Sandsteinquader im Ziegelmauerwerk und heraldische Steinmetzarbeiten mit den Emblemen Hahn, Helm, Greif und Löwe. Hanes Sohn fügte einen weiteren, schon barocken Bauabschnitt an, wie eine Inschrift über dem Haupteingang des Querhauses informiert: „Anno 1671 hat Heer Didrich Arend Hahne zu Lihre u. Uttum Haubtling u. Anna Margarete Gebohren Baronne zu Kniphausen dies Haus angefangen zu bauwen u. ist Verfertigt den 30. Sept. Ao. 1671“.

Heute verfügt die Haneburg über ein Hauptgebäude mit einem südlichen und nördlichen Querflügel. Von der Großen Bleiche aus führt eine Ulmenallee zu dem Eingangstor mit den ruhenden Löwen, das aus dem Jahr 1741 stammt. Die barocke Eingangstür im Innenhof ist über eine Freitreppe zu erreichen. Ursprünglich konnte die Burg lediglich über eine einzige Tür im Treppenturm betreten werden, der im Winkel zwischen dem Westwerk und dem Querhaus lag. Sein profilierter Tudorbogen findet sich in der Toreinfahrt wieder.

Der charakteristische Turm der Haneburg.

Im Laufe ihrer wechselhaften Geschichte beherbergte die Haneburg, die heute unter anderem von der Kreisvolkshochschule genutzt wird, das Preußische Kulturamt und das Heimatmuseum. 1935 wurde für die Einrichtung einer Bauernhochschule der rechte Flügel angebaut. Im Zweiten Weltkrieg diente die Burg als Lazarett und von 1945 bis zum Frühjahr 1969 als Altenheim für betagte Männer und Frauen, die ihre Heimat im Osten verloren hatten. Bis zu 150 Menschen wohnten in der Burg und den Baracken, die auf dem Gelände errichtet worden waren. Da wundert es nicht, dass von der ursprünglichen Einrichtung kaum noch etwas erhalten ist. Noch 1890 hingen die Porträts der Adeligen, die einst in der Haneburg residierten, im Rittersaal, der heute größeren Veranstaltungen und Empfängen der Stadt einen festlichen Rahmen gibt.

DEO

Mit den Webern kam der Reichtum

Die kleinen Weberhäuser an der Alten Marktstraße, am Reformierten Kirchgang sowie an der Norder- und Süderkreuzstraße erinnern an die Blütezeit Leers.

Die prächtige Haneburg führt den Reichtum vor Augen, den Glaubensflüchtlinge aus Flandern, Brabant und den Niederlanden im 16. Jahrhundert mit der Leinenweberei nach Leer gebracht hatten. Sie fanden während des niederländischen Befreiungskriegs gegen die spanischen Habsburger in dem ostfriesischen Flecken Zuflucht, in dem die Reformation bereits von 1522 bis 1524 unter Graf Enno I. eingeführt worden war.

Die ersten Wiedertäufer ließen sich nachweislich 1528 in Leer nieder. Sie werden erstmals in einem Erlass der Gräfin Anna von 1544 „Mennoniten" genannt. Nach 1540 gründeten sie gleich zwei Gemeinden in Leer, die Alt-Flämiger-Gemeinde und die Uko-Wallistische Gemeinde, die sich am 24. August 1767 vereinigten. Die Altflämische Gemeinde besaß gar eine eigene Kirche an der Faldernstraße, die allerdings 1825 abgebrochen wurde. Noch im selben Jahr entstand an ihrer Stelle ein schlichter grauer Saalbau im klassizistischen Stil, der durch ein Walmdach, halbkreisförmige Fenster und die Inschrift „DEO" geschmückt wird. Der Entwurf stammt von Jan Berend Kroeger, Baumeister in Weener (1764–1837).

1811 gab es in Leer 96 Mennoniten-Familien, die eine feste Gemeinschaft bildeten. Der in Leer geborene Naturphilosoph Bernhard Bavink (30. Juni 1879–26. Juli 1947), selbst ein Mennonit, schildert die neuen Bürger Leers so: „Diese Menschen waren – natürlich von Ausnahmen abgesehen – durchweg höchst ehrbare, solide, nüchterne und meist sehr sparsame, ehrlich denkende und handelnde Männer und Frauen."

In ihrer neuen Heimat führten die niederländischen Weber, Kaufleute, Färber und Tuchmacher das Leinenwebergewerbe ein, das sie meisterlich beherrschten. Es zeigte sich, dass der Geestboden in Leer und das mäßig warme und feuchte Klima für den Flachsanbau hervorragend geeignet waren. Graf Edzard förderte darüber hinaus die wirtschaftliche Entwicklung des Fleckens, indem er ihm 1508 die Marktgerechtigkeit übertrug und den Ankauf von Flachs ausdrücklich an die Leeraner Märkte band.

So entwickelte sich die Leinenweberei im 16. und 17. Jahrhundert zum Haupterwerbszweig des blühenden Marktfleckens, der sich zunehmend nach Osten, zur Ledaschleife hin, ausdehnte. Schon um 1550 wurde der Gallimarkt und damit die Waage – zunächst als Holzbau – von der Alten Marktstraße ans Ledaufer verlegt. Nun trauten sich die Leeraner auch, am Wasser zu bauen; weil sie dabei so hoch wie möglich auf dem Geestrücken bleiben wollten, wurden die Neue Straße und die Wörde zunächst nur einseitig bebaut, mit der Front zur Leda.

Aus dieser Zeit stammt das 1572 errichtete (und mehrfach veränderte) Bauernhaus mit Brennerei und

Links: Die Mennonitenkirche in der Faldernstraße.
Rechts: Altstadthäuser am Reformierten Schulgang.

Weberhäuser in der Norderkreuzstraße.

Brauerei an der Rathausstraße 9, das einst „Zur goldenen Kuh" hieß. Von anderen Gebäuden blieben nur die Inschriftensteine wie ein Hinweis auf das Jahr 1560, der das Haus Samson an der Rathausstraße ziert. „AO 1560 DE IS WIS UNDE WOLL GELERDT DE ALLE DINCK THO DEN BESTEN KERDT", stand darauf.

Ein rötlicher Sandstein an dem ehemaligen Wirtschaftsgebäude (Schatthaus) des Amtsgerichtes, das um 1711 gebaut wurde, verkündet: „ALST-GODT-BEHAGET-SO-ISEDT-BETER-BENIDET-ALS-BEKLAGET-P-D-M-I-ETERNWM-1563". Von einem anderen Renaissance-Bau ist eine Kartusche mit der Jahreszahl 1610 übrig geblieben, die heute das Haus Neue Straße Nummer 46 (früher Kamp 2) schmückt.

1533 wurde der Flecken von den geldrischen Truppen des Balthasar von Esens geplündert und in Schutt und Asche gelegt; 1622/23, während des Dreißigjährigen Krieges, hausten die Horden des mit den Niederlanden verbündeten Grafen von Mansfeld in Leer, wobei über 300 Häuser zerstört worden sein sollen. Doch derlei Rückschläge konnten den Aufwärtstrend von Leer, der mit dem Aufblühen der Leinenweberei nach 1640/41 verbunden war, nicht dauerhaft bremsen.

Während des niederländischen Glaubens- und Unabhängigkeitskrieges, der von 1568 bis 1648 in den Niederlanden tobte, suchten weitere Flüchtlinge, vornehmlich aus Groningen, Zuflucht in dem ostfriesischen Marktflecken. Sie brachten ihre hervorragenden Geschäftsverbindungen mit, so dass die ostfriesische Wirtschaft boomte, während die niederländischen Leinenmärkte darniederlagen. Die Leeraner Leinenreeder gaben den Webern das Garn zur Verarbeitung und verkauften die fertige Ware – jährlich rund 10 000 Leinenballen – im In- und Ausland. Das feine Leinen aus Ostfriesland wurde in alle Länder Europas exportiert, vor allem aber nach England und Spanien. Sogar Fürstenhöfe in Frankreich, Preußen und Russland orderten Stoffe von der Leda. Die Schiffe wurden in Leer durch Tonnenträger entladen. Daher hieß die heutige Königstraße, die zum Hafen an der Ledaschleife führt, „Tünndragerstrate".

Beengtes Wohnen

Um 1600 hatte Leer an die 3000 bis 3500 Einwohner, die in 500 bis 550 Häusern wohnten. In dieser Zeit schlossen sich die Leeraner Leinenreeder und Weber zusammen. Nach der Knechteordnung von 1620 waren Weberknechte und -mägde als Gehilfen der Meister durch eine Unterstützungskasse im Krankheitsfalle versichert. Am 8. Oktober 1651 gewährte Graf Enno Ludwig der Weberzunft eine Ordnung, in der die Zahl der Webstühle pro Meister auf vier festgesetzt wurde. Sie wurde bis 1734 mehrfach erweitert. So bewilligte Fürst Georg Albrecht 1710 eine Fassung, in der die Töchter der Meister den Meistersöhnen gleichgestellt wurden. Häufig kam es zu Streitigkeiten zwischen Reedern und Webern, bei denen die fürstliche Regierung eingreifen musste.

Historisches Schiff als Giebelschmuck.

In welch beengten Verhältnissen die Weber lebten, lassen die kleinen eingeschossigen Traufenhäuser am Westerende, an der Alten Marktstraße, der Norderkreuz- und Süderkreuzstraße, an der Kirchstraße, im Reformierten Kirchgang und an der Brummelburgstraße erahnen. Zu den historischen Gebäuden in Leer, die der Leeraner Reeder Günter Prahm vor dem Verfall rettete und jeweils mit einem gemalten historischen Schiff im Giebel schmücken ließ, gehört auch ein Weberhäuschen an der Alten Marktstraße, in dem bis zu 13 Personen wohnten. Die bescheidene Innenausstattung einer solch beengten Behausung wird im Leeraner Heimatmuseum gezeigt. Die Wohnungen bestanden aus zwei kleinen Räumen – einer

Alter Webstuhl im Heimatmuseum.

Das im Stil des Barock errichtete ehemalige Gasthaus an der Süderkreuzstraße ist heute Jugendherberge.

Eingangstür zum heutigen Martin-Luther-Haus.

Wohnküche mit Schlafbutzen, in der die gesamte Familie lebte, und einem Arbeitsraum, der später als Wohnzimmer genutzt wurde; wer sich waschen oder seine Notdurft verrichten wollte, musste die primitiven Einrichtungen im Hof benutzen. Der Webstuhl stand auf einem Lehmfußboden, der die Feuchtigkeit speicherte – das Garn durfte schließlich nicht trocken werden. Während der Blütezeit der Leinenweberei im 17. bis Anfang des 18. Jahrhunderts gab es insgesamt 800 Weber in Leer. 1740 lebten von den 5000 Einwohnern Leers 1100 – rund 20 Prozent – von der Weberei. Der Handelskompanie, die am 16. September 1738 gegründet worden war, hatten sich alle Leinenreeder und Kaufleute Leers angeschlossen; als Buchhalter fungierte Conrad Zytsema. – Allerdings konnten auch die Brüder Zytsema den Niedergang der Leinenweberei in Leer nicht verhindern. Vergeblich versuchten sie, moderne Fertigungsmethoden in Leer einzuführen, um wettbewerbsfähig zu bleiben, denn in ganz Europa drückten arbeitsteilig organisierte Großbetriebe und Manu-

Das ehemalige Armenhaus an der Kirchstraße.

fakturen die Leinenpreise. Doch die Leeraner Weber lehnten sowohl größere Webstühle als auch Mühlen zum Antrieb und teilmechanisierte Textilmanufakturen ab. Ostfriesisches Leinen wurde für den Hauptmarkt in den Niederlanden zu teuer, obwohl die Reeder den Webern seit 1730 die Löhne immer weiter kürzten. 1744 warfen aufgebrachte Weberknechte dem Reeder Alring die Fensterscheiben ein.

Als Friedrich der Große 1751 Leer und Emden besuchte, schilderten ihm die Leeraner Leinenreeder unter Führung von Conrad Zytsema ihre angespannte Situation. Der König war aber selbst gescheitert: Er hatte die Beamten der Kriegs- und Domänenkammer Aurich 1748 vergeblich angewiesen, für die Schaffung von Fabriken und Manufakturen in Ostfriesland zu sorgen. 1765 standen 250 von 700 Webstühlen in Leer still, und 1802 war die Zahl der Weber auf 169 geschrumpft. Sie arbeiteten nur noch für Auftraggeber aus der Nachbarschaft, weil es in Leer keine internationalen Leinenreeder mehr gab. Als die Weberzunft 1809 aufgehoben wurde, war sie zur ärmsten in Leer geworden.

Doch ging es den Leeraner Webern immer noch erheblich besser als ihren verelendeten Berufskollegen in Schlesien, dank eines Wohltätigkeits-Wettstreits der konkurrierenden Leeraner Kirchengemeinden: Im Stil des Barock errichteten die Lutheraner von 1786 bis 1788 ein zweiflügeliges, mit Pilastern gegliedertes Gasthaus an der Süderkreuzstraße, das den Schwan in der Giebelkrönung trägt. Die Armen, die darin wohnten, verdienten sich ihren Lebensunterhalt vor allem durch Weben. 1808 wurde in dem prachtvollen Bau, der auch als Arbeitsanstalt für arbeitsscheue Personen diente, eine Armenschule eingerichtet. Heute dient er als Jugendherberge.

1790 revanchierten sich die Reformierten mit einem prächtigen Armenhaus an der Kirchstraße, das heute ausgerechnet Martin-Luther-Haus heißt. Über die näheren Einzelheiten informieren die niederländischen Inschriften über der Eingangstür des langgestreckten, neunachsigen Baus: „Zu diesem reformierten Armenhaus legten am 19. Mai 1790 die ersten Steine die Herren D. R. de Bruin, J. Santjer, W. Brons, G. Lolling, B. Tergast, Verwalter des Fonds für diesen Bau, mit Hilfe der Herren Konsistorialrat J. Eilshemius, Inspektor C. Meyer. Gebaut unter der Mitaufsicht von J. Woortmann durch H. Seijard." Darunter werden die Bedingungen genannt, unter denen die Armen mit Speis und Trank versorgt werden: „Hier wird aufgenommen und ernährt, wer fleißig arbeitet, betet und lernt." Die lateinische Kurzformel lautet: „Querunt ut prosint." Auf Deutsch: „Sie bitten darum, sich nützlich zu machen."

Neben den Weber- und Armenhäusern erinnern heute der Platz Große Bleiche, auf dem die Weber einst ihr Leinen in die Sonne legten, an diese Epoche, die für die Entwicklung von Leer äußerst wichtig war. Die Große Bleiche ist auch heute noch von Bedeutung: Dort findet seit 1905 alljährlich der Gallimarkt statt – das Großereignis von Leer.

Blick über die Altstadt. Rechts im Bild das Rathaus, eines der Wahrzeichen der Stadt.

Streit um den Kirchturm

Von der Kirchstraße zweigen der Lutherische und der Reformierte Schulgang sowie der Patersgang ab, die zu den jeweiligen Kirchen führen. Das friedliche Nebeneinander von heute ist jedoch durchaus nicht selbstverständlich.

Bis zur Reformation gab es in Leer nur eine einzige Kirche, nämlich das ursprünglich katholische Gotteshaus am Westerende in der Nähe des Plytenbergs. Die Propsteikirche wurde anfangs von Lutheranern und Calvinisten gemeinsam genutzt – bis die Reformierten die Oberhand gewannen. Dabei kam die Initialzündung wieder aus Münster: Der Prediger Lübbert Kanz, der die Domstadt wegen seines Glaubens verlassen musste, wirkte von 1525 bis 1535 in Leer, zeitweise als Wortführer der reformierten Prediger Ostfrieslands – bis ihn Graf Enno des Landes verwies.

Jahrhundertelang bestimmte die reformierte Gemeinde, der Gräfin Anna (1501–1575) Mitte des 16. Jahrhunderts das Wahlrecht verliehen hatte, die Entwicklung von Leer: Sie bildete nach der Reformation anstelle des Propstes das höchste Organ des Marktfleckens. Mit den Einkünften aus dem Waagerecht, das sie bereits 1508 von Graf Edzard I. erhalten hatte, richtete sie schon 1525 eine Volksschule ein.

Die Elementarklassen wurden 1584 in der von Graf Johann gegründeten Lateinschule untergebracht, dem Vorläufer des Ubbo-Emmius-Gymnasiums. Das aus Fachwerk und Ziegeln errichtete Gebäude, das mit Lehm verfugt worden war, befand sich vermutlich am Reformierten Schulgang Nummer 3 in der Nähe der späteren reformierten Kirche. Als erster Rektor der Lateinschule wirkte von 1588 bis 1594 der gebürtige Greetsieler Ubbo Emmius, bevor er nach Groningen berufen wurde. An derselben Stelle errichtete die reformierte Kirche 1834 einen Neubau, in dem sie auch Baumaterial von der alten Ubbo-Emmius-Schule verarbeitete.

Schütteverordnung

Im ersten Stock der Lateinschule, der so genannten „Bürgerkammer", tagten lange Zeit die Fleckensvertreter sowie die gesamte Bürgerschaft. Vermutlich waren der Kirchenrat der reformierten Gemeinde und die Verwaltung des Fleckens weitgehend identisch. Bis 1810 galt die Schütteverordnung, die Graf Johann am 16. April 1585 unterzeichnet hatte. Nach dieser Gemeindeverordnung standen vier von den Bürgern gewählte ehrenamtliche Schüttemeister – wobei „Schütte" „Schutz" bedeutet – an der Spitze des Fleckens, unterstützt von jeweils einem Deputierten (Abgeordneten) der Rotts, in die der Flecken Leer aufgeteilt war. Sie verwalteten das Vermögen des Fleckens, beaufsichtigten Straßen, Markt und Hafen und übten die niedere Strafgewalt aus. Noch passten die Gemeindeakten in eine Kiste, die in der Bürgerkammer untergebracht war.

Links: Turm der Lutherkirche mit dem Schwan.
Rechts: Lutherkirche am Lutherischen Schulgang.

Innenansicht der Lutherkirche.

Anfangs stammten die Verwalter des Fleckens aus der reformierten Gemeinde – bis der lutherische Graf Ulrich II. am 19. November 1639 einige Änderungen der Schütteverordnung vornahm: Von nun an bestimmte der Landesherr die Schüttemeister, von denen fortan jeweils zwei der reformierten und der lutherischen Gemeinde angehörten. Ihnen standen zwei Fleckensvertreter zur Seite, die ebenfalls beiden Konfessionen angehörten.

Als 1810 die alte Ordnung des Fleckens unter der Regierung Napoleons aufgehoben wurde, gab es in Leer keinerlei öffentliche Gebäude – bis auf die kirchlichen. Dabei will es die Ironie der Geschichte, dass die heutige reformierte Kirche, die von 1785 bis 1787 in der Nähe der Lutherkirche und der Katholischen Kirche errichtet wurde, die jüngste von allen drei Gotteshäusern ist.

Dabei hatten sich die Leeraner Reformierten vehement gegen die Niederlassung der konkurrierenden Konfessionen gewehrt. Weil sie keine weitere Kirche im Flecken duldeten, mussten die Lutheraner bis 1639 lange Fußmärsche in die umliegenden lutherischen Gemeinden auf sich nehmen. Schließlich wurden sie Mitglieder der fünf Kilometer östlich gelegenen Gemeinde Logabirum. Aber der unbefestigte Kirchweg war nicht nur lang, sondern bei schlechtem Wetter auch noch unpassierbar. So kam Pastor Buß aus Logabirum den Leeraner Lutheranern entgegen und hielt am 4. Januar 1674 die erste lutherische Predigt in unmittelbarer Nähe des Fleckens – in einer Scheune an der Groninger Straße. Dagegen erhob die reformierte Gemeinde, die den konfessionellen Frieden gestört sah, empört Einspruch.

Lutherkirche

Fürstin Christine Charlotte (1645–1699) sorgte dafür, dass die Lutheraner – 1675 immerhin ein Viertel der 3000 bis 4000 Einwohner Leers – schon bald ihre eigene Kirche im Dorf hatten. Dank ihrer finanziellen Unterstützung wurde Buß am 10. Mai 1674 als erster lutherischer Prediger in Leer eingeführt, und schon im Frühsommer 1675 begann der Bau der Lutherkirche, die in Anlehnung an die Gotik Strebepfeiler und Spitzbogenfenster erhielt. Als Baumaterial stellte Christine Charlotte die großen Backsteine des mittelalterlichen Benediktinerinnen-Klosters Thedinga in Nüttermoor zur Verfügung, das nach dem Tode der letzten Priorin Frauke von Jemgum im Jahre 1616 abgerissen worden war.

Die Reformierten jedoch versuchten mit allen Mitteln, das Vorhaben zu verhindern. Sie schalteten sogar die Emder Gemeinde ein, die wiederum auf ein Eingreifen der Generalstaaten durch deren Garnison in Leerort drängten. Der Widerstand war nicht nur zwecklos, sondern beflügelte gar die Bauaktivitäten der Lutheraner: Bereits am 12. September 1675 fand die Einweihung des langgestreckten einschiffigen Backsteinbaus in Anwesenheit der Fürstin und des Auricher Hofes statt. Im selben Jahr richteten die Lutheraner zudem eine Schule in Leer ein.

Doch die Generalstaaten gaben nicht auf. Sie forderten die Fürstin am 25. Februar 1676 auf, die lutherische Kirche in Leer wieder abzureißen – es sei denn, die Reformierten dürften eine Kirche in einem lutherischen Ort bauen. Tatsächlich erhielten sie am 2. August 1676 die Erlaubnis, ein Gotteshaus in Bargebur bei Norden zu errichten.

Heute ist die reformierte Gemeinde in Leer mit rund 4000 Gemeindegliedern gegenüber rund 15 700 Lutheranern in der Minderheit. Das Wachstum der Gemeinde spiegelt sich in der Lutherkirche wider, die im Laufe der Jahrhunderte in alle Himmelsrichtungen erweitert wurde (unter anderem 1706 bis 1710, 1738, 1793 und 1882), so dass sie schließlich die Form eines griechischen Kreuzes erhielt. Zeichnungen der verschiedenen frühen Bauphasen hängen im Treppenhaus des Südflügels. Eine Tafel am Ostgiebel, die aus dem Jahr 1675 stammt, erinnert an die Grundsteinlegung; die Einschuss-Löcher in der Nähe wurden der Kirche im Zweiten Weltkrieg zugefügt.

Den ältesten Teil mit den mittelalterlichen Steinen aus dem Kloster Thedinga erreicht man vom Patersgang aus. An der Nordseite der Kirche wurde der achteckige Grabstein des Grafen Ulrich eingemauert, der ebenfalls vom Kloster aus Nüttermoor stammt. Er zeigt einen Helm mit dem von zwei Löwen getragenen Wappen der Cirksena. Die lateinische Inschrift erinnert an das traurige Schicksal des ältesten Sohns von Graf Edzard dem Großen, der 1517 in den Dienst von König Karl I. von Spanien, dem späteren Kaiser Karl V., eingetreten war und nur 31 Jahre alt wurde. Der Legende nach hatte ihm ein Liebestrank den Verstand geraubt.

Die Krone des ostfriesischen Fürstenwappens schmückt das Eingangsportal an der Westseite. Die Inschrift darunter informiert über den Erweiterungsbau von 1710: „Unter der Regierung Herrn Georg Albrechts, Fürsten zu Ost-Friesland, Herrn zu Esens, Stedesdorf und Wittmund, ist dieses neue Werk erbauet worden Anno 1710.“ Die ostfriesischen Regenten, die ihren Beitrag zum jetzigen Erscheinungsbild der Lutherkirche geleistet haben, wurden bei der grundlegenden Restaurierung im Jahre 1910 im Kircheninneren abgebildet.

Bildnis Edzards des Großen.

So sind in den Zwickeln über den Säulen Edzard I. (1462–1528) zu sehen, in dessen Regierungszeit die Reformation fällt, Christian Eberhard (1665–1708), in dessen Ära mit dem Kirchenbau begonnen wurde, und Christine Charlotte. Das Bild von Fürst Georg Albrecht (1690–1734) über dem Ausgang an der Westseite erinnert an den Abschluss der Westerweiterung. An der Empore befinden sich Porträts vom letzten ostfriesischen Fürsten Carl Edzard (1716–1744), der den Bau des Nordflügels förderte, und König Friedrich II. (1712–1786), während dessen Regierungszeit ein halbes Kreuz an der Nordseite angebaut wurde. Der Spruch „Und die Könige sollen deine Pfleger sein“ weist auf die enge Verbundenheit der Lutheraner mit der Landesregierung hin.

Mit der Erlaubnis Friedrichs des Großen gelang es den Lutheranern endlich, einen eigenen Kirchturm zu errichten. Über 90 Jahre lang hatten ihnen die

Porträts des Fürsten Carl Edzard und Friedrichs II. an der Empore.

Reformierten den Turm, das eigene Glockengeläut und einen Friedhof bei der eigenen Kirche streitig gemacht. Zwar war ihnen unter Georg Albrecht schon einmal die Genehmigung zum Turmbau erteilt worden, doch setzten die Reformierten seinerzeit durch, dass das Bauwerk wieder abgerissen wurde. So mussten die Lutheraner die Reformierten bitten, die Glocken für sie zu läuten. Am Ende des Siebenjährigen Krieges im Jahre 1763 leisteten sie zum Ärger der Reformierten ihren eigenen Beitrag zum Siegesgeläut: Sie hängten ihre nicht genehmigte Glocke aus einer Dachluke am Vordergiebel ihrer Kirche und schlugen mit Hämmern darauf.

Am 1. Juni 1766 begannen die Lutheraner mit dem Bau ihres achteckigen, teilweise mit Schieferplatten abgedeckten Glockenturms, der sich auf einem rechteckigen grauen Unterbau aus Steinen vom Kloster Thedinga erhebt. Den achteckigen, mit Pilastern geschmückten Turmaufsatz krönt eine Welsche Haube mit Laterne und einem abschließenden Zwiebeldach. Die Wetterfahne ist als Goldener Schwan gestaltet, dem Symbol der Lutheraner. Es bezieht sich auf einen Ausspruch des tschechischen Reformators Jan Hus, der 1414 auf dem Scheiterhaufen in Konstanz prophezeit hatte: „Heute bratet ihr eine arme Gans (Hus = Gans), aber eines Tages wird ein Schwan kommen, der die Kirche wahrhaftig reformieren wird.“ Damit war Martin Luther gemeint. Der Leeraner Schwan hat eine Krone um den Hals, die auf die starke Verbindung zum Herrscherhaus hinweist.

Mit dem Turm war der Bau der Lutherkirche aber noch lange nicht abgeschlossen: 1793 kam ein Erweiterungsbau an der Ostseite hinzu, wobei über der Empore eine tonnenartige Decke eingezogen wurde, um mehr Platz für die Orgel zu schaffen. Im unteren Teil des Anbaus wurde die Sakristei untergebracht. Mit dem Südflügel, der 1882 in Angleichung an den Nordflügel von 1738 errichtet wurde, war die Kreuzform vollendet.

Bei der Restaurierung im Jahre 1910 erhielt die Kirche ein Treppenhaus an der Nordwestecke und ein kunstvoll bemaltes Tonnengewölbe im Mittelschiff, das Christus und die vier Evangelisten zeigt. In den Kartuschen an den Seiten stehen die Namen der Apostel. Bei dieser Gelegenheit wurde die 1790 bis 1795 von Hinrich Just Müller erbaute Orgel durch einen pneumatischen Neubau von Furtwängler & Hammer ersetzt. Der Orgelprospekt, den der Leeraner Tischlermeister Budde 1795 geschaffen hatte, sowie das Schnitzwerk von Diederich Koch aus Weener blieben erhalten – auch als Kriegsbeschädigungen einen weiteren Neubau erforderlich machten.

Diese Orgel, die der Wilhelmshavener Alfred Führer von 1960 bis 1964 fertigte, ist auch schon wieder Geschichte: Hinter dem Rokoko-Prospekt verbirgt sich seit Ende 2002 ein Meisterwerk des Leeraner Orgelbauers Jürgen Ahrend, der besonders durch die authentische Restaurierung von Arp-Schnitger-Orgeln Weltruhm erlangte. Sein 2350 Orgelpfeifen starker Neubau mit 39 Registern schlägt den Bogen zurück zum Anfang: Die erste Orgel der Lutherkirche, die 1712/13 aufgestellt wurde, stammte nämlich aus der Werkstatt von Arp Schnitger.

Weitere Kostbarkeiten der Lutherkirche, die 1987/88 noch einmal gründlich saniert wurde, sind der Altar von 1696, ein Geschenk der Junggesellen und Jungfrauen der Gemeinde, ein Kruzifix des Holzbildhauers P. Vogler sowie eine von der lutherischen Kirchengemeinde Esens geschenkte Kanzel, die vermutlich aus dem Kloster Ihlow stammt. Der Fürstenstuhl, der 1732 sein heutiges Aussehen erhielt, trägt das sechsteilige bekrönte ostfriesische Wappen, das Graf Rudolf Christian (1625–1628) offiziell eingeführt hatte. Es wird von einem Mantel und der Kette des Elefantenordens umrahmt, in dem sich Elefanten und Zinnentürme abwechseln. Darunter hängt der Orden, der einen geschmückten Elefanten mit Sänfte und Reiter zeigt. Diese hohe Auszeichnung hatten Christian Eberhard 1682, Georg Albrecht 1722 und Carl Edzard 1734 erhalten.

Den Fürstenstuhl ziert das ostfriesische Wappen und der Elefantenorden.

Katholische Kirche

Die Katholiken in Leer mussten ihre Gottesdienste nach der Reformation heimlich abhalten. Statt in der Propsteikirche versammelten sie sich nun in Hinterzimmern und auf Dachböden von Privathäusern in der Kirch- und Königstraße. Von 1614 an war Ostfriesland wieder katholisches Missionsgebiet. So unternahm Pater Bernard Goswin, ein Jesuit aus Meppen, zwei Missionsreisen nach Ostfriesland. Vor allem Pater Caspar Becker ist es zu verdanken, dass die Zahl der Kommunikanten in Leer von 15 im Jahre 1643 innerhalb von 15 Jahren auf 120 gestiegen war: Er kam 1645 als Missionar für Ostfriesland nach Leer und blieb dort 28 Jahre lang. Danach übernahmen die Franziskaner in Vechta und schließlich das Kloster in Aschendorf die Missionstätigkeit.

Als 1676 kaiserliche Truppen als Schutz der Stände vor Übergriffen durch das Fürstenhaus in Leer stationiert wurden, endete die Zeit der heimlichen Gottesdienste: Mit der so genannten Salvegarde, die 66 Jahre lang in Leer blieb, traf der katholische Feldpater Bernard Mahler, ein Franziskaner, im Flecken ein. Von nun an nahmen die Leeraner Katholiken an den Militärgottesdiensten nebst Beichte und Kommunion teil. Katholische Eheschließungen und Beerdigungen aber waren weiterhin verboten; in solchen Fällen mussten sich die Katholiken den Segen von reformierten Predigern geben lassen.

1681 richtete die katholische Gemeinde eine eigene Volksschule ein, und 1719 erwarb sie das Küstersche Haus, das neben der jetzigen Kirche stand, für die gemeinsamen Gottesdienste von Salvegarde und Leeraner Katholiken. Aus Platzmangel predigte der Geistliche im Haus, während die Gemeinde in der Scheune saß; auch war das Dach schadhaft. 1728 wurde das Gebäude nebst Nachbarhaus abgerissen und durch eine Kapelle ersetzt, in deren Vorderteil der Missionar wohnte.

Weil die katholische Gemeinde durch Zuzug vor allem aus dem Emsland und Westfalen stetig wuchs, plante sie schon bald einen größeren Neubau an derselben Stelle. Dagegen protestierten die Lutheraner: Sie befürchteten, dass ihr eigener Gottesdienst durch Orgelspiel und Gesang aus der Nachbarkirche gestört würde. 1775 errichtete die Katholiken endlich mit Erlaubnis des Preußenkönigs das ersehnte Gotteshaus, für das sich insbesondere die Familie von Hane eingesetzt hatte. Der Drost Jobst Moritz von Hane war 1690 zum Katholizismus übergetreten. „Aus besonderer Gnade Friedrichs des Großen, des Königs von Preußen, erbaut“ lautet die lateinische Inschrift an der heutigen katholischen Kirche St. Michael am Patersgang. Die vergrößerten Buchstaben sind als römische Zahlen zu lesen und geben das Baujahr der Kirche an: 1775. Der rechteckige, durch Lisenen gegliederte schlichte Saalbau wurde 1952 erweitert. Über dem Portal triumphiert der geflügelte Erzengel Michael, eine Statue aus dem 16. Jahrhundert. Er steht mit erhobenem Schwert auf dem getöteten Drachen.

Die katholische Kirche St. Michael.

Die Differenzen zwischen den kirchlichen Nachbarn endete 1824, als eine Ausführungsverordnung im Königreich Hannover alle Konfessionen gleichstellte. Noch in demselben Jahr wurde die Kirchengemeinde St. Michael zur Pfarre erhoben, von der Diözese abgetrennt und dem Bistum Osnabrück angeschlossen. 40 Jahre später baute die Gemeinde das Steinburgsche Haus am Westerende für die Armen- und Krankenpflege um. Am 27. März 1865 öffnete mit dem Borromäus-Hospital das erste Krankenhaus in Leer seine Pforten. Schon zehn Jahre später wurde nach diversen Erweiterungen ein neuer großer Flügel angebaut.

Weil die Zahl der Gemeindeglieder nach dem Zweiten Weltkrieg von 1200 auf 5000 stieg, reichte der Platz in St. Michael trotz mehrerer Erweiterungen nicht mehr aus. Dieses Problem löste ein weiterer Kirchenbau: 1955 wurde die katholische Marienkirche an der Bavinkstraße eingeweiht. Die Bahnlinie Leer–Emden bildet die Grenze zwischen den beiden Gemeinden.

Märtyrer

Seit dem 30. März 1980 erinnert eine Gedenktafel an St. Michael an den sehr engagierten Leeraner Pfarrer Heinrich Schniers, der 100 Jahre zuvor in Wippingen (Hümmling) geboren worden war. Er betreute die Leeraner Kirchengemeinde St. Michael vom 1. Mai 1933 bis zum 17. Dezember 1941. An diesem Tag verhaftete ihn die Geheime Staatspolizei wegen einer angeblich volkszersetzenden Äußerung, die er so gar nicht gemacht hatte. Nach Gefängnisaufenthalten in Wilhelmshaven und Nordenham kam er ohne Gerichtsverhandlung in das Konzentrationslager Dachau, wo er am 30. August 1942 einen qualvollen Hungertod starb.

Hermann Lange, ein weiterer katholischer Märtyrer, kam am 16. April 1912 in Leer zur Welt. Er wurde 1938 zum Priester geweiht und wirkte als Vikar zusammen mit Johann Prassek und Eduard Müller an der Herz-Jesu-Kirche in Lübeck. Die mutigen Kirchenmänner vervielfältigten und verteilten Predigten des Bischofs von Münster, Graf Bernhard von Galen, in denen er die Vernichtung psychisch und physisch Kranker durch die Nationalsozialisten anprangerte. Auch wurde bei Gruppenabenden in der Herz-Jesu-Kirche offen über die Sinnlosigkeit des Krieges diskutiert. Im Lübecker Christenprozess verurteilte der Zweite Senat des Volksgerichtshofs die drei katholischen und einen evangelischen Geistlichen wegen „Hetze gegen den Staat“, „Vorbereitung zum Hochverrat“ und „Wehrkraftzersetzung“ zum Tode. Am 10. November 1943 um 18.26 Uhr wurde Lange im Gefängnis Hamburg-Hohenglacis mit einem Fallbeil enthauptet.

Auch wenn Pastor Westermann in der reformierten Kirche nebenan predigte, schrieben Zuträger der Gestapo mit. Sein Amtskollege, Pastor Buurman, allerdings – seit 1735 hatte die reformierte Gemeinde zwei Geistliche – unterstützte die Nationalsozialisten: Bis zu seinem Tode im Jahre 1940 versammelten sich die lutherischen und reformierten Deutschen Christen in der Großen Kirche, mit deren Bau zehn Jahre nach der Fertigstellung des katholischen Gotteshauses begonnen worden war.

Große Kirche

Während die Lutheraner ihr Bauwerk beständig erweiterten, mühten sich die Reformierten jahrhundertelang, ihre baufällig gewordene Propsteikirche zu erhalten. Doch 1777 wurde das alte Gemäuer während eines schweren Sturms derart schwer beschädigt, dass die reformierte Gemeinde um einen Neubau nicht mehr herumkam. Dafür erhielt sie sogar Spendengelder von den Lutheranern. Am 16. September 1785 wurde der Grundstein für den barocken Zentralbau am Reformierten Kirchgang gelegt, der nach dem Vorbild der niederländischen Predigerkirchen die Form eines griechischen Kreuzes erhielt.

Vier freistehende Säulen in dem weiträumigen Kirchensaal – er ist elf Meter hoch und misst 24,5 Meter von einer Ecke zur anderen – tragen die sich kreuzenden hölzernen Tonnengewölbe. Die umlaufende Empore lenkt den Blick auf die mit Säulen, Löwenköpfen, Rollwerk, Frucht- und Blumengehänge reich verzierte Renaissance-Kanzel aus Holz, eine der ältesten in Ostfriesland, die den Mittelpunkt des nüchternen Predigtraumes bildet. Sie war 1609 von Andreas Kistemaker für die alte Propsteikirche geschnitzt worden. Aus dem abgebrochenen Kirchenbau wurde auch die romanische Sandsteintaufe übernommen, die aus dem 12. Jahrhundert stammt.

Auf der Empore steht eine prächtige Barockorgel mit 2500 Pfeifen und 37 klingenden Stimmen, die Albertus Hinz aus Groningen schuf. Die ältesten Pfeifen hatte er von 1763 bis 1765 aus der Orgel des Klosters Thedinga ausgebaut. Seit 1846 schmückt

Rechte Seite: Die Große Kirche.

13
14

eine Uhr die Orgel – vermutlich als Orientierung für die Pastoren, die bis zu zwei Stunden zu predigen pflegten, bis Mitte des 19. Jahrhunderts auf Niederländisch. Zu den Zuhörern gehörte auch die Familie von Rheden aus dem Emsland, die drei der Kirchenbänke im wahrsten Sinne des Wortes besaß. Die Familie stellte über mehrere Generationen die Amtsleute für das Amt Leerort und Leer.

Bei der Einweihung der Großen Kirche am 15. Juli 1787 hielt der Prediger Johannes Eilshemius die Festpredigt. Dabei wählte er denselben Text, der schon der Einweihung der 1675 erbauten Lutherkirche zugrunde lag: „Een ding hab ik van den Heere begeert, dat zal ik zoeken. Dat ik alle de dagen myns levens mogte wohnen in het Huys des Heeren ..." Letztendlich konnten die Reformierten die Lutheraner doch noch übertrumpfen: Der 1805 fertiggestellte Turm der Großen Kirche mit dem charakteristischen kupfernen Zwiebeldach, der sich auf einem quadratischen Untergeschoss erhebt, war zu damaliger Zeit mit 52 Metern der höchste in Leer.

Heute pflegen alle drei Kirchen eine gute Nachbarschaft. Bis in die 1950er Jahre sangen die Schulkinder (allerdings auf Plattdeutsch) ein Liedchen, das sich auf die unterschiedlichen Wetterfahnen der Kirchen bezieht:

„Die Katholiken haben den Hahn,
die Lutheraner den Schwan,
die Reformierten haben ein Schiff,
da fahren wir alle mit."

Die Lutheraner sangen die letzte Zeile manchmal ein wenig anders: „Die Reformierten haben ein Schiff, damit fahren alle Düvels mit."

Oben: Blick in die Reformierte Kirche mit der prächtigen Barock-Orgel.
Links: Blick über das goldfarbene Taufbecken.
Rechts: Der Treppenaufgang zur reich verzierten Renaissance-Kanzel, eine der ältesten in Ostfriesland.

WARSTEINER
ADMIRAL

Leeraner Wahrzeichen: die historische Waage und das Rathaus.

Bauboom bei der Waage

Unter Fürst Georg Albrecht gab es Krieg, aber in der Ära Friedrichs des Großen ging es aufwärts: Mit der Aufhebung des Emder Stapelrechts blühte die Leeraner Wirtschaft erneut auf, und die Altstadt-Straßen an der Leda, die gute Stube von Leer, erhielten ihr prächtiges Erscheinungsbild.

Die Waage mit dem Museumshafen dahinter gehört neben Rathaus und Wasserturm zu den Wahrzeichen von Leer und damit zu den beliebtesten Foto-Motiven. Sie wurde um 1550 mitsamt dem Gallimarkt ans Ledaufer („an't Över") verlegt, doch erst 1714 ersetzte die reformierte Gemeinde den Holzbau durch ein stattliches Gebäude im Stil des niederländischen klassizistischen Barocks – eines der schönsten in Ostfriesland.

Die Waage hat die gleichen Gestaltungsmerkmale wie das nahe gelegene Amtsgericht an der Wörde, das um 1700 als Herrensitz der Amtmann-Familie von Rheden errichtet wurde. Neben dem Hauptgebäude mit dem Rokoko-Portal, das Oncko von Rheden 1745 einbauen ließ – von ihm stammen auch die Sandsteinpfeiler mit dem Eisengitter –, steht das vornehmlich 1711 erbaute Schatthaus.

In Anlehnung an die Renaissance, die sich an den klaren Formen der Antike orientiert, gliedern Pilaster (flache Wandpfeiler) den zweigeschossigen Baukörper von Amtshaus und Waage. Dazwischen liegen die Tür- und Fensterachsen. Auf dem hohen Walmdach der Waage erhebt sich ein schlankes Türmchen mit Laterne und barocker Haube. Die Sonnenuhr, die 1768 unter dem Schmuckstein mit der Jahreszahl 1714 angebracht wurde, dient zur Kontrolle der mechanischen Einzeiger-Schlaguhr, die den Bau seit Beginn ziert. Als Leer 1856 eine Bahnstation erhielt, wurde die Uhr auf Beschluss des Stadtrates um zehn Minuten vorgestellt, damit die Bürger ihren Zug pünktlich erreichten.

Auf den Wiegeraum, der bis 1946 genutzt wurde, weisen bekrönte Waagschalen über dem Portal hin; daneben wohnte der Wiegemeister, und auch eine Gaststätte gab es von Anfang an. Das älteste erhaltene Gewicht stammt aus dem Jahr 1746. Nach der Verordnung Edzards des Großen von 1508 mussten auf dem Leeraner Markt alle Waren, die über drei Pfund schwer waren, auf die Waage gelegt werden, bevor sie verkauft, exportiert oder importiert werden durften. Dafür wurde eine Art Umsatzsteuer erhoben. Dieses Wiegemonopol konnte die reformierte Kirche bis 1865 behaupten. In einem Raum des Obergeschosses fanden Versteigerungen bei Kerzenlicht statt; wenn die Kerze erlosch, musste das letzte Gebot abgegeben werden. Heute gilt die Waage, die dem Heimatverein Leer gehört, neben dem Rathauskeller als erste Adresse für gepflegtes Essen in historischer Atmosphäre.

Eine in Sandstein gehauene Inschrift, die von barocken Zierformen umgeben wird, weist eine

Links: Die Türme der Waage und des Rathauses.
Rechts: Der Museumshafen und die Waage sind beliebte Foto-Motive.

Schmuckstein und Sonnenuhr an der Waage.

Krone und die Initialen des Fürsten Georg Albrecht (1708–1734) auf, der in Leer respektlos „Gerd Albers" oder „Jan in de Hoek" genannt wurde. Bei wichtigen Entscheidungen versteckte er sich nämlich hinter seinem Kanzler Enno Rudolf Brenneysen. Dieser war ein fanatischer Gegner der ostfriesischen Stände, die er in einem von 1724 bis 1727 währenden blutigen Steuerstreit, dem Appelle-Krieg, in zwei gegnerische Lager spaltete. Jede Ständepartei hatte ihr eigenes Administratorenkollegium, das Steuern erhob, wobei die Ämter Aurich, Norden und Friedeburg auf der Seite des Fürstenhauses standen. Die „ungehorsamen Stände" in Emden, Greetsiel und im Süden Ostfrieslands widersetzten sich: Sie wollten keine Steuern an das Auricher Administratorenkollegium zahlen.

Blutige Kämpfe

Weil Georg Albrecht das Leeraner Pachtkontor in seine Hand bringen wollte, schickte er Soldaten von der Garnison Aurich nach Leer; gleichzeitig trafen Soldaten der Garnison Emden mit dem Schiff ein. In der Peperstrate, der heutigen Rathausstraße, kam es zum Gefecht, wobei es mehrere Tote und Verletzte auf der Emder Seite gab.

Der Kaiser, der in dem Steuerstreit von beiden Seiten angerufen worden war, entschied, dass das Auricher Kollegium die Steuern für ganz Ostfriesland einziehen sollte. Doch die ungehorsamen Stände blieben stur. Im April 1726 trafen die Gegner erneut aufeinander, wobei die fürstlichen Soldaten von den Sandbergen aus mit Kanonen auf die Emder schossen, deren Batterie bei der Waage stand. Diesmal starben 136 fürstliche Soldaten, 75 weitere wurden verwundet und 87 gefangen genommen.

Mit dem Amtsantritt Friedrichs des Großen im Jahre 1744 brachen wieder bessere Zeiten an: Er löste die landesherrlichen Schutztruppen auf, die seit 1687 in Leer standen, und schickte Kaiserliche und Niederländer nach Hause. Vor allem aber beendete er die ewigen Zwistigkeiten zwischen Emdern und Leeranern. So hatten die Emder erfolglos versucht, den Leeranern ihre Waage zu nehmen; 1602 brachten sie gar die Gewichte mit Gewalt nach Emden und schmolzen sie 1604 ein.

Stapelzwang

Den Leeranern wiederum war das Emder Stapelrecht von jeher ein Dorn im Auge. Danach mussten alle Schiffe, die auf Ems und Leda fuhren, ihre Ware drei Tage lang in Emden anbieten. Die Leinenreeder entgingen dieser leidigen Pflicht, indem sie ihre Stoffe auf dem Landwege beförderten. Immerhin erhielten die Leeraner in einer Ordonnanz (Verordnung) vom 5. Juli 1654 ihren eigenen Stapelzwang, auch Vorbeifahrt genannt: Die Bürger des Fleckens sowie Auswärtige, die Torf und Brennholz aus dem Sater- und Oldenburger Land auf der Leda transportierten, durften nicht an Leer vorbeifahren, „ehe und bevor dieselbe nach dem alten Herkommen am Ufer zwei tage langk offenes marckett dahmit gehalten". Die Fischer waren gezwungen, ihren frischen Fang als erstes bei der Schiffsanlagestelle vor der Waage anzubieten, und zwar zwei Stunden im Sommer sowie drei Stunden im Herbst und Winter. Über die Auswirkungen des Emder Stapelrechts lamentierte noch 1735 der Leeraner Amtmann Kettler in seiner „Beschreibung des Leerorther Ambtes": „Leer, ein offener Marktflecken, an Größe, Reichtum und Menge der Einwohner, als deren es bei 900 Familien zählt, der prinzipalste in Europa, würde noch größer sein, wenn nicht Emden dasselbe durch die Vorbeifahrt gewaltig drückte und davon zurückhielte."

Die Waage im Lichterglanz.

Der Preußenkönig befreite die Leeraner von diesem Hemmschuh. 1749 erlaubte er den Kaufleuten von Weener, Jemgum und Leer erstmals, mit den auf eigene Rechnung beladenen Schiffen an Emden vorbeizusegeln. 1765 nahm er den gesamten Leeraner Eigenhandel vom Stapelzwang aus; 1808 fielen sämtliche Stapelrechte im Zeichen der Gewerbefreiheit. Entsprechend entwickelte sich die Leeraner Schifffahrt: Schon Ende des 18. Jahrhunderts überflügelte der Güterumschlag des Leeraner Hafens den der Hafenstadt Emden. 1799 erstanden die Reederfamilien Vissering und Garrels den Segler „Aurora" in Königsberg. Auf seiner ersten Reise brachte er Getreide von Königsberg nach Lissabon, fuhr von dort mit Salz beladen nach Charleston und brachte von diesem letzten Zielort Tabak und Reis nach Leer.

Der Alte Fritz sorgte auch aus leidvoller Erfahrung dafür, dass die Wege verbessert und in besonders morastigen Gegenden Gräben an beiden Seiten angelegt wurden: Bei einer seiner Inspektionsreisen Mitte des 18. Jahrhunderts war er mit seiner Kutsche in Klein-Soltburg im Schlamm stecken geblieben. 1746 ließ er das Königliche Postamt – das erste in Ostfriesland – in Leer „tüsken beide Pütten" (heute Brunnenstraße) einrichten.

Die 4000 bis 5000 Einwohner des preußischen Leers lebten vornehmlich vom Handwerk. Das Gros der Leeraner hielt nebenbei Vieh und bewirtschaftete ein Stück Land. Nirgends sonst in Deutschland, so vermuteten die Schüttemeister in ihrem Bericht von 1778, wurden so viele der von Friedrich gerade eingeführten Kartoffeln angebaut wie in Leer.

In dieser Zeit entstanden auch die ersten Fabriken in dem Marktflecken: Mitte des 18. Jahrhunderts begann die Geschichte der Firma Connemann in der Süderkreuzstraße mit einer Seifenfabrik, die vier Arbeiter beschäftigte. 1772 wurde eine Leimsiederei gegründet und ein Jahr später die Firma Sebens. Bei den Korn-Brandtewein-Brennereyen in Leer und Umgebung waren 57 Arbeiter in Lohn und Brot. 1799 gründete der Kaufmann Johann Heinrich Garrels, dessen Villa an der Neuen Straße heute noch steht, eine Essigfabrik. Die ehemaligen Leinenreeder, wie die van Hoorns, handelten nun mit Kaffee, Tee, Kluntjes und Tabak.

Waagschalen über dem Portal.

Packhaus an der Georgstraße.

Wohnpackhäuser

Hafen und Waage bildeten den Mittelpunkt des preußischen Leers, das eine enorme Bautätigkeit entfaltete. Die prächtigen Giebelhäuser aus dieser Zeit, die an der Neuen Straße, dem Kamp (heute auch Neue Straße), König- und Brunnenstraße, Wörde und Mühlenstraße errichtet wurden, weisen den Stil von Spätbarock und Rokoko auf, der von 1730 bis 1770 angesagt war.

Als Standort für ihre Wohnpackhäuser bevorzugten die Kaufleute die Nähe der Anlegestelle bei der Waage, das heißt, sie bauten vornehmlich an der Neuen Straße und der Tünndragerstrate. Im Erdgeschoss lagen ein bis zwei kleine Wohnungen, und in den darüber liegenden niedrigeren Geschossen, die mit kleinen Fenstern und je einer Luke für den Aufzug ausgestattet waren, lagerten die Handelswaren. Besonders schön ist das später erweiterte Haus mit der Jahreszahl 1757 an der Neuen Straße, dessen Türen mit Sonnenscheiben geschmückt sind. Die Packhäuser aus der Zeit um 1800, an denen Leer reich ist, stehen oft hinter dem Wohnhaus (zum Beispiel an der Neuen Straße 14 und 48).

Die Neue Straße sowie die Westseite des ehemaligen Kamps, die Anfang des 19. Jahrhunderts Neubaugebiet war, werden vornehmlich durch die blockförmig gegliederten, meist zweigeschossigen Gebäude aus der Zeit des Klassizismus (1770–1830) geprägt, bei denen die Horizontale betont wird. Zu ihnen gehört das Heimatmuseum (Neue Straße Nummer 14), ein dreigeschossiges Bauwerk mit vier Achsen, sowie das 1811 errichtete zweigeschossige Haus Nummer 44, das mit der Traufe zur Straße steht.

Der Barockgiebel der Hausnummer 57 weist in der Volute einen Fisch mit eingerolltem Schwanz auf, der einen Ring im Maul hält. Wer aufmerksam durch die Altstadt von Leer geht, die Anfang der 1970er Jahre grundlegend restauriert wurde, begegnet diesem Fisch immer wieder: Er ist das Zeichen der bedeutenden Reeder-Familie Vissering.

Samson und Wolff

1767 errichteten der Hamburger Hermann Rahusen und Gretje Classen Vissering das Haus „Stadt Hamburg", das neben dem Ende des 19. Jahrhunderts erbauten Rathaus steht; heute ist darin ein Restaurant untergebracht. Der Familie Vissering gehörte auch das schönste Gebäude von Leer. Das lässt sich unschwer an dem Fisch erkennen, der das Handelshaus Samson an der Rathausstraße 18 ziert.

Der niederländische Architekt Vingboom schuf es 1643 nach dem Vorbild der Amsterdamer Giebelhäuser des Frühbarock. Nach niederländischer Tradition erhielt der schmucke Bau den symbolträchtigen Namen des biblischen Löwenbezwingers „Samson"; ein Schild mit dieser starken Szene hängt denn auch über der Haustür. Die aus Ziegelsteinen gemauerte, mit weißem Muschelkalk verfugte Giebelfront hat eine blumige Krönung aus kunstvoll behauenem weißem Sandstein, eine Steinmetzarbeit der Mönche des Klosters Thedinga bei Leer. Die Eingangstür mit den barocken Elementen wurde im 18. Jahrhundert gefertigt. In der Anfangszeit betrieben ein Tabakwarenhändler und ein Kuchenbäcker den Laden im Erdgeschoss, bis im Jahre 1800 Friedrich Gross die heutige Weinhandlung und Spirituosenfabrik gründete; er hatte Jakoba Eidina Vissering geheiratet. Als ihre Tochter Cornelia Wilhelmine (1803–1839) den aus Wiesbaden stammenden Weinhändler Johann Daniel Wolff (1800–1852) heiratete, begann die Erfolgsgeschichte des Traditionsunternehmens Wolff.

Über 1000 kostbare Weine aller bekannten Weinanbaugebiete lagern in dem 1500 Quadratmeter großen Weinkeller unter der Rathausstraße. Daneben hat Wolff jede Menge ostfriesischer Spezialitäten zu bieten: unter anderem Kruiden, Alter Schwede, Tee-Söpke, Sanddorngrog, Sinbohntjesopp (Branntwein mit Rosinen) und ostfriesischen Brotaufstrich. Die Spirituosen werden auf einer Abfüllanlage, die rund 2000 Flaschen in der Stunde schafft, vollautomatisch abgefüllt. In den 1990er Jahren übernahm das Leeraner Unternehmen, das seit 1972 in fünfter Generation von Friedrich Carl August Wolff geführt wird, auch das gesamte Spirituosensortiment der Firma „J. C. Winter" sowie das älteste ostfriesische Unternehmen „Sebens" und die Küstenmarke „Groenefeld".

Durch den Weinladen gelangt man – ohne Eintritt zahlen zu müssen – in das Privatmuseum für ostfriesische Wohnkultur des 18. und 19. Jahrhunderts, das Claas Carl August Wolff (1899–1965) in den 1950er Jahren auf den Speicherböden einrichtete. Im Dachgeschoss erfahren die Besucher mehr über die Firmen- und Familiengeschichte. Außerdem ist hier ein von Menne Wolff (1904–1955) gefertigtes Modell ausgestellt, das die Stadt Leer um 1840 zeigt.

Auch die Bünting-Gruppe, mit über 9000 Beschäftigten das größte ostfriesische Unternehmen, legt viel Wert auf Tradition: Sowohl das Tee-Museum als auch das Stammhaus in der Brunnenstraße erinnern an den Firmengründer Johann Bünting, der sich 1806 in Leer niederließ. Ihm ist es zu verdanken, dass sich Leer zum Zentrum der ostfriesischen Tee-Produktion entwickelte. Wie das kleine Museum zeigt, ist Teetrinken mit Wohnkultur verbunden. Sie ist daher nicht zufällig Schwerpunkt des Heimatmuseums und wird zudem in vielen Häusern der Teestadt Leer gepflegt.

Rechts: Das Handelshaus Wolff.

fangfrische
Schollen
mit
9,90 €

Die Altstadt bei Nacht.

In der „Goldenen Kuh" vollendete der Humanist Ubbo Emmius, damals noch Rektor der Leeraner Lateinschule, 1592 die ersten zehn Bücher der „Friesischen Geschichte", seines Lebenswerkes, und die Leeraner Dichterin Wilhelmine Siefkes verbrachte darin ihre ersten sechs Lebensjahre. Heute fertigen Meike Domsky und Birgit Otto in dem historisch bedeutsamen Gebäude modernen Schmuck. Ihre Goldschmiede ist zugleich eine Galerie, wie die Schmuck-Werkstatt von Gesa Ruppel an der Mühlenstraße.

Noch immer ist Leer eine Hochburg der Goldschmiedekunst und des sonstigen Kunsthandwerks. Wer ein besonders geschmackvolles, witziges oder originelles Geschenk sucht, wird bei einem Altstadtbummel in Leer garantiert fündig. Dabei geraten nicht nur die liebevoll dekorierten Schaufenster in den Blick, die Keramik, Fotos, Rahmen, Gemälde und sonstige Geschenk-Artikel zeigen, sondern auch die Fassaden der reizvollen Giebelhäuser.

An den verschiedenen Baustilen lässt sich erkennen, wann sie entstanden sind. So deutet die Horizontalgliederung der Giebel darauf hin, dass die 1587 und 1620 erbauten Bürgerhäuser an der Rathausstraße Nummer 12 und 14 („Danneboom") aus der Spätrenaissance stammen. Zwar wurde die Fassade vom Danneboom verändert, doch ist die Engelbüste über dem Giebelfenster vermutlich original erhalten. Die blockförmigen Häuser Nummer 17 und 19 wurden im Stil des Klassizismus erbaut, und die mit

Dazu gehört „Gold und Antik" an der Rathausstraße Nummer 7, das die Goldschmiedemeisterin Traute Zahn zusammen mit dem Restaurator und Kunsthändler Horst Arians betreibt. Wer will, kann ihre Werkstatt unverbindlich besuchen, in der sie seit über 25 Jahren ostfriesischen Filigranschmuck fertigt. Direkt nebenan, an der Rathausstraße 9, steht die „Goldene Kuh", das älteste Haus von Leer, das ursprünglich als Bauernhaus mit Brennerei und Brauerei genutzt wurde. Auf das Baujahr weist die Inschrift über der Tür hin: „JOHAN + AB 1572". Die Zahl „1786" bezieht sich auf das Jahr des Umbaus.

Oben: Bürgerhausfassade in der Mühlenstraße, genannt „der Glasekasten". Rechts: Engelbüste zwischen den Wolffschen Häusern.

Die „Goldene Kuh", erbaut 1572.

reich verzierten Säulen geschmückte Krimibuchhandlung Taraxacum (auf Deutsch „Löwenzahn") an der Rathausstraße 23, die Treffpunkt, Café und Veranstaltungsort zugleich ist, gehört bereits dem Historismus an, der von 1835 bis 1914 mit seinen verschiedenen Spielarten (Rundbogenstil, Neugotik, Neurenaissance und Neubarock) in Mode war.

Während die paarweise angeordneten rundbogigen Fenster im Taraxacum-Obergeschoss der Romanik entlehnt sind, schließt sich in der nach rechts abbiegenden Brunnenstraße die nachempfundene Gotik an: Die Löwenapotheke zum Beispiel, ein Eckhaus zum Reformierten Kirchgang, wird durch Spitzbogenfenster geschmückt. Zum Historismus gehören an der Brunnenstraße auch das Stammhaus der Leeraner Teefamilie Bünting sowie die Stuckfassade des Hauses Nummer 28 (früher Druckerei Zopfs). Unter dem Erker ist das Ständewappen der Druckerzunft zu sehen, das einen Adler mit entsprechenden Utensilien aufweist. Aus dem zeitlichen Rahmen fallen die beiden klassizistischen Gebäude am Beginn der Leeraner Fußgängerzone, die von 1974 bis 1978 als erste in Ostfriesland eingerichtet wurde: Als 1777 das Haus Nummer 33 und 1806 die Nummer 31 gebaut wurden, befand sich dort die Grenze des Fleckens Leer.

Rechts oben: Die Löwen-Apothekeim Stil der nachempfundenen Gotik. Darunter: Die Krimi-Buchhandlung Tatort Taraxacum.

Der Bekömmliche
Costa Rica
Tarrazu

Teeladen in der Brunnenstraße mit angeschlossenem Teemuseum.

Bertus Freede

Stadt wider Willen

Leer wurde 1823 zur Stadt erhoben, obwohl es der Mehrheit der Bürger nicht passte. Ein Rathaus gibt es erst seit 1894 – dafür aber ein besonders schönes.

Als die Leeraner Dichterin Wilhelmine Siefkes am 4. Januar 1890 in dem ältesten Haus Leers zur Welt kam, stand die „Goldene Kuh" noch an der Pfefferstraße. Das Rathaus, nach dem die Straße später benannt wurde, gab es zu diesem Zeitpunkt nämlich noch nicht. Aber immerhin: Leer war offiziell eine Stadt. Wenn die kleine Wilhelmine durch die Ladenstraßen ging, genoss sie deren Flair mit allen Sinnen.

„Und noch jetzt steigt mir in der Erinnerung jenes Gemisch von Gerüchen in die Nase, das damals für alle Kolonialwarengeschäfte typisch war, die ja in Schubkästen, Büchsen, Gläsern und Behältnissen aller Art aufbewahrten, was sie in kleineren und größeren Mengen abzuwiegen und in Tüten zu füllen hatten." Wer ihre Erinnerungen liest, stellt fest, dass sich die Altstadt von Leer in den letzten hundert Jahren gar nicht so sehr verändert hat. „Für den Kanarienvogel kaufte man Futter im Samenhaus Huismans, vom Volksmund ‚Peter Lüüntje' getauft." Der Porzellanladen in der Brunnenstraße hieß „Psspotten-de-Buhr" und die Konkurrenz in der Osterstraße „Pöddel-Hibben".

Auch die Schokoladenfabrik von Bavink an der Brunnenstraße, die damals „Tüsken beide Pütten" hieß, hatte sich dem Kind unauslöschlich eingeprägt. Das Haus, in dem schon lange keine Schokolade mehr produziert wird, trägt heute eine Gedenktafel mit dem Namen des in Leer geborenen Naturphilosophen Bernhard Bavink (1879–1947), und ebenso ist von der Müllerschen Honigkuchenfabrik nur das Namensschild übrig geblieben. „Dort gab es die ostfriesischen Knüppelkuchen, aus unendlich vielen Ingredienzien zusammengesetzt, die ebenso lecker wie teuer waren." Im Unterschied zu heute waren die Ladenschlusszeiten nicht festgelegt. „Man wurde zu jeder Tageszeit in jedem Geschäft bedient."

Die Stadt Leer, die Wilhelmine Siefkes so liebevoll beschreibt, gab es eigentlich schon lange – und auch wieder nicht. Denn die Leeraner, an denen die mittelalterlichen Stadtgründungen vorübergegangen waren, wehrten sich vehement gegen alle Versuche, den Marktflecken zur Stadt zu erheben. Sie befürchteten mit Recht, dass es ihnen dann an den Geldbeutel gehen würde. Als Kanzler Franzius um 1600 dem damaligen Landesherrn Graf Enno erstmals einen entsprechenden Vorschlag unterbreitete, hatte er tatsächlich im Sinn, Macht und Einkünfte des Landesherrn zu vermehren. Franzius musste seinen Hut nehmen.

1752 riet der Präsident der neu gegründeten Auricher Kriegs- und Domänenkammer König Friedrich II., „dass dieser Flecken zu einer Stadt deklariert und mit einem ordentlichen Magistrat versehen werden möge." Die Bürger lehnten diesen Vorschlag jedoch ab, weil er unter anderem die Übertragung der Waagegerechtigkeit auf die Stadt

Links: Alle zwei Jahre machen die Traditionsschiffe im August zum „Schipper-Klottje" fest.
Rechts: Altstadt mit Renaissance-Giebeln.

Das Amtsgericht an der Wörde.

vorsah. An der Frage des Geldes scheiterten entsprechende Vorstöße der Leeraner Kaufleute in den Jahren 1765, 1777 und 1801; sowohl die übrigen ostfriesischen Städte als auch das Leerorter Amt legten Widerspruch ein.

Erst als Ostfriesland 1810 an das napoleonische Kaiserreich fiel, war Schluss mit der alten Fleckens-Ordnung und das Zeitalter der ehrenamtlichen Schüttemeister ohne Polizei- und Gerichtsbefugnis endgültig vorbei. Fortan bildete Leer mit Leerort, Heisfelde, Bollinghausen und Hohegaste eine Kommune nach der französischen Verwaltungsordnung. An die Spitze der „Mairie" setzten die Franzosen 1812 Willem Cramer von Baumgarten als „Maire" (Bürgermeister) nebst zwei „Adjoints" (Beisitzern) und einem Munizipalrat. Unter der Regie des Königreichs Hannover, das Ostfriesland 1815 übernahm, blieb die Mairie-Verfassung erhalten, allerdings mit deutschen Titeln.

Erster Bürgermeister von Leer wurde der Elsässer Abraham Ehrlenholtz, der unter Napoleon Adjoint und ab 1814 Maire gewesen war. Der Handwerker, der über Rechtskenntnisse verfügte und eine Lederfabrik in der Osterstraße leitete, blieb bis zu seinem 80. Lebensjahr im Jahr 1841 im Amt, seit dem 22. Juli 1823 offiziell als Bürgermeister der Stadt Leer. Am 1. August trat die Stadtverfassung in Kraft – genau genommen gegen den Willen der Bürger.

Das Kabinettsministerium in Hannover und die Auricher Provinzialregierung hatten bereits 1817 einen erneuten Versuch gestartet, den zweitgrößten Ort Ostfrieslands zur Stadt zu erheben. Das Gros der Leeraner, an der Spitze die einflussreichen Mennoniten, war weiterhin dagegen, weil die Kommune die Verwaltungskosten übernehmen sollte; die Bürger hatten aber schon genug an den Schulden aus dem Siebenjährigen Krieg und den Kriegen nach der Französischen Revolution zu tragen.

Sieg trotz Patt

Von den 470 wohlhabenden Leeranern, die zur ersten Abstimmung am 16. August 1820 im Gasthof Voigt geladen waren – so viele besaßen ein Haus oder mindestens 100 Reichstaler –, gaben schließlich 191 ihre Stimme ab; darunter war eine einzige pro Stadterhebung. Diese Niederlage ging ausgerechnet auf das Konto der Befürworter: Sie hatten vier Tage vor der Abstimmung eine Eingabe an die Regierung geschickt, in der sie ihre Zustimmung an verschiedene Bedingungen knüpften. So sollte auf die Einrichtung eines kostspieligen Amtsgerichts verzichtet werden und der Magistrat anteilig mit Vertretern aller Konfessionen – zwei Reformierten, zwei Lutheranern, einem Katholiken und einem Mennoniten – besetzt werden.

An der zweiten Abstimmung, die daraufhin vom Kabinettsministerium angeordnet wurde, durften nur noch Vertreter der reformierten, lutherischen und katholischen Gemeinde teilnehmen, die über ein eigenes Haus oder 2000 Reichstaler verfügten. Mennoniten und Juden waren ausgeschlossen. Diese

Abstimmung am 8. Juni 1821 endete mit einem Patt: 79 waren für die Stadterhebung und 79 dagegen. Doch die Provinzialregierung legte das Ergebnis in ihrem Sinne aus: Es seien „alle gebildeten und einsichtsvollen Bewohner von Leer für die städtische Verfassung, dagegen alle, welche zu der geringeren Klasse gehören, wider dieselbe gewesen."

Am 11. Juli 1823 unterschrieb Georg IV., König von England und Hannover, in seiner englischen Residenz Carlton House die Verfassungsurkunde für die Stadt Leer. Am selben Tag wurden Ehrlenholtz und zwei Senatoren – die Kaufleute Röben und Börner –, die zusammen den neuen Magistrat bildeten, im Amtshaus an der Wörde vereinigt. Zur ersten Verwaltung der Stadt Leer gehörten insgesamt fünf Beamte auf Lebenszeit, die vom Königreich finanziert wurden: der dreiköpfige Magistrat, ein Sekretär und ein Ausmiener, der bis zum Ersten Weltkrieg mit der Glocke durch die Straßen zog, um amtliche Mitteilungen zu verkünden. Die Gerichtsbarkeit blieb weiterhin beim Amt Leer, das im heutigen Amtsgericht an der Wörde residierte. Dem Magistrat zur Seite stand ein ehrenamtliches Stadtverordnetenkollegium, das aber nur geringe Mitsprache-Möglichkeiten hatte.

Weil es bis auf das Amtshaus keine öffentlichen Gebäude in der Stadt Leer gab, waren die städtischen Beamten weiterhin auf die Gebäude der reformierten Gemeinde angewiesen. Ein großes Zimmer im Obergeschoss der reformierten Küsterei diente gleichzeitig als Lehrerzimmer und Bürgerkammer, so dass bei Versammlungen von Magistrat und Stadtverordneten Möbelrücken angesagt war. Vergeblich setzte die Stadt die Honorare als Druckmittel ein, die sie dem reformierten Organisten für sein Orgelspiel und zwei Lehrern für ihr Glockenläuten vor und nach der Arbeit zahlte – der Kirchenrat war nicht bereit, ihr mehr Platz zu verschaffen. Daher mietete die Kommune von 1824 bis 1826 weitere Räumlichkeiten.

Schließlich kaufte sie ein Haus, das in unmittelbarer Nähe der Waage am Leda-Ufer stand. Da anfangs nur drei Diensträume benötigt wurden, quartierte sie die Allgemeine Städtische Höhere Bürgerschule ein, in die 1834 – nach langem Ringen mit der reformierten Kirche – die Lateinschule umgewandelt worden war. Das Königliche Gymnasium, das später nach seinem Gründer Ubbo Emmius benannt wurde, zog 1853 in ein neues, im Hannoverschen Rundbogenstil errichtetes Schulgebäude an der Königstraße, das später Wilhelmine-Siefkes-Schule getauft wurde; heute ist darin das Kreismedienzentrum untergebracht. Seit 1909 liegt das Ubbo-Emmius-Gymnasium, das 1874 verstaatlicht wurde, an der gleichnamigen Straße.

Nach dem Vorbild des Borromäus-Hospitals errichtete der Evangelische Krankenhausverein 1870 ein Allgemeines Krankenhaus auf einem Grundstück am Ölmüllerweg (heute Bergmannstraße), das der Kaufmann C. Bergmann gestiftet hatte. Nach dem Ersten Weltkrieg wurde es vom Landkreis übernommen und 1928 in einen Neubau an der Annenstraße verlegt; dafür zogen die Landkreis-Behörden zur Bergmannstraße. Die Kirche, der in Leer jahrhundertelang eine Führungsrolle zukam, zog sich aus dem öffentlichen Leben zurück; heute unterhalten Lutheraner und Katholiken nur noch Kindergärten.

Eingang des Gymnasiums.

Für Gleichheit

Bis zum Ausbruch der Revolution im März 1848 änderte sich nichts an der Stadtverfassung von 1823. Die Leeraner, die wie die übrigen Ostfriesen die Verletzung und Zerstörung der Friesischen Freiheit durch die Hannoveraner beklagten, stellten sich an die Spitze der liberalen Bewegung in Ostfriesland und forderten am 10. März 1848, noch vor den anderen ostfriesischen Städten, in einer Petition an den König Freiheit, Gleichheit und ein deutsches Parlament. In einer Eingabe an den Magistrat verlangten 64 Einwohner eine neue Städteordnung, nach der unter anderem das aktive und passive Wahlrecht auf alle Steuer zahlenden Bürger ausgedehnt werden sollte. Alle auf Lebenszeit gewählten Stadtverordneten sollten sofort zurücktreten.

Doch in Leer blieb weiter alles beim Alten, wie die Bürger am 12. August 1848 in einer weiteren Eingabe an den Magistrat beklagten: „... was hilft es uns, wenn in der großen Nationalversammlung deutscher Männer und Volksvertreter zu Frankfurt die herrlichsten Grundsätze der Freiheit und des Rechts aller Deutschen laut verkündet werden, was hilft es uns, dass wir als Deutsche stolz im Gefühl der errungenen Freiheit das Haupt erheben möchten, wenn wir daheim in der eigenen Vaterstadt noch durch unsere eigenen Institutionen geknechtet sind und bleiben, wenn es für uns eine bittere Satire ist, dass von der Paulskirche in Frankfurt aus allen deutschen Stammgenossen verkündet wird: alle Deutschen sind gleich vor dem Gesetze, alle Standesprivilegien hören auf, während unsere städtische Verfassung – wohl das erbärmlichste Machwerk einer die Volksfreiheit zertretenden Konstitution – die Gleichheit aller Bürger mit Füßen tritt und namentlich das aktive und passive Wahlrecht einem großen Teil der Bürgerschaft vorenthält."

Die Leeraner entsandten den liberalen Amtsassessor Carl Emanuel Groß, der seit 1823 Beamter war, in die Frankfurter Nationalversammlung und 1849 in die Hannoversche zweite Kammer. Groß, der sich vehement für Gleichheit, ein ebensolches Wahlrecht und die Wahl des preußischen Königs zum deutschen Kaiser einsetzte, quittierte den Staatsdienst und verkaufte seine Staatsdiener-Gala-Uniform, um seine Meinung im Landtag frei und glaubhaft vertreten zu können.

Erst nach der neuen Städteverordnung von 1851, die für alle Städte des Königsreichs Hannover galt, wurde der Magistrat, dem nun zwei Senatoren angehörten, nicht mehr von der Regierung ernannt, sondern von den Leeranern gewählt. Die 16 Stadtverordneten hießen jetzt Bürgervorsteher und wurden nicht mehr auf Lebenszeit, sondern nur noch für vier Jahre gewählt. Doch wahlberechtigt waren wieder nur die begüterten Bürger, nämlich 419 von 7000. Erst eine Verordnung der preußischen Regierung vom 24. Januar 1919 führte das allgemeine und gleiche Wahlrecht in Leer ein. Am 2. März 1919 durften erstmals alle Leeraner wählen – auch die Frauen. Das von ihnen gebildete neue Stadtparlament aus 30 Bürgervorstehern trat an die Stelle des Arbeiter- und Soldatenrats, der Leer während der Novemberrevolution 1918 übernommen hatte. Das Parlament wählte die Senatoren, die ihre Position nun auch nicht mehr lebenslang bekleideten.

Nach der gescheiterten Revolution verhielten sich Magistrat und Bürgervorsteher in Leer staatstreu, im Unterschied zum übrigen Ostfriesland. Das lag vor allem an Bürgermeister Julius Pustau, der Leers Geschicke von 1857 bis 1888 lenkte und dabei insbesondere die wirtschaftliche Entwicklung Leers vorantrieb. Für seine Loyalität wurde er als einziges ostfriesisches Stadtoberhaupt von König Georg IV. mit dem Guelphen-Orden (einer Auszeichnung des Königreichs Hannover) ausgezeichnet. Zeitweise spielte der König gar mit dem Gedanken, die Landdrostei von Aurich nach Leer zu verlegen.

Zur Zeit der Stadterhebung hatte Leer 5908 Einwohner, 1017 Wohn- und Packhäuser sowie an die 80 Fabriken, darunter 26 Branntweinbrennereien, je sieben Brauereien und Lichtziehereien, zwölf Strumpf- und fünf Zwirnfabriken, zwei Öl-, drei Säge- und fünf Kornmühlen. Dabei war der Ort kaum größer als 1711: Nach dem „Situationsplan von 1826" bildete der Grundriss der Stadt ein Dreieck, mit dem reformierten Kirchhof als Spitze und dem Leda-Ufer als Grundlinie, wobei Blinke und Pferdemarkt im Westen und Westerende, Alte Marktstraße, Harderwykensteg und Osterstraße im Nordosten die seitlichen Begrenzungen bildeten.

Von 1826 an wuchs die Stadt, die bis dato keine einzige gepflasterte Straße hatte, über sich selbst hinaus in Richtung Loga und Leerort. 1834 erhielt die Straße von Leer nach Aurich ein Pflaster aus Flinten (Kopfsteinen) und Steinen des abgebrochenen Klos-

Das Zollhaus im Stil der späten Backsteingotik.

ters Ihlow. Rund 20 Jahre später – von 1840 bis 1854 – wurde die Strecke von Leer über Weener nach Neuschanz mit Katzenköpfen befestigt, und Ende des Jahrhunderts, als bereits 12321 Menschen in Leer wohnten, führten ausgebaute Chausseen in alle Himmelsrichtungen.

Bahn und Dock

Vor allem durch den Bau der Westbahn von Emden über Leer nach Rheine, die am 20. Juni 1856 in Betrieb genommen wurde, dehnte sich die Stadt zunehmend gen Osten aus. Mit den staatlichen Fördergeldern, die Georg IV. dem Leeraner Bürgermeister gewährte, wurde von 1858 bis 1861 ein Dockhafen gebaut, der einen direkten, tideunabhängigen Güterumschlag von Bahn und Schiff ermöglichte. Er entstand mitsamt der Dockschleuse zwischen dem Bahnhofsgebäude, das nach einem Entwurf des Hannoveraner Baumeisters Conrad Wilhelm Haase im Rundbogenstil errichtet worden war, und der Georgstraße, die Pustau nach dem König benennen ließ. Die Leeraner Wasserratten konnten im Dockhafen plantschen oder in der 1869 eröffneten Badehalle daneben, die auf 50 hölzernen Weinfässern schwamm; sie wurde 1930 geschlossen. Seit 1862 erhebt sich neben dem Bahnhof das große Lagergebäude der zollfreien Niederlage. Das Zollhaus, das heute vornehmlich als Veranstaltungsort dient, weist wie das inzwischen abgerissene Hauptpostamt die Stilformen der späten Backsteingotik auf.

Aus dieser Zeit stammen außer der Georg- und Bahnhofstraße die Große und Kleine Roßbergstraße sowie die spätere Reimersstraße. Dank der hervorragenden Verkehrsanbindung wuchsen Wirtschaft und Bevölkerung in rasantem Tempo, so dass in den 1870er Jahren das Leeraner Straßennetz großräumig überplant werden musste. „Fast das gesamte Gebiet nördlich der Altstadt und der heutigen Friesenstraße bis zum Burfehner Weg und Strohhut im Norden und dem alten Westermeedlandsweg (heute Wendekamp/Pastorenkamp) im Westen wurde damals neu aufgeteilt und mit einem möglichst geradlinigen und rechtwinkligen Straßennetz überzogen", stellt Heiko Leerhoff in dem Band „Leer – gestern, heute, morgen" fest. „Eine später nach Ubbo Emmius benannte Straße verband die Friesenstraße mit der alten Deichstraße, die zu dem Wege nach Emden, an der Ems entlang führte. Nördlich davon durchzog die Edzardstraße, jenseits der Heisfelder Straße als Annenstraße, die Gaste in ihrer ganzen Länge bis zur Bahnlinie. Als Querstraßen hatte man festgelegt: Großstraße, Augustenstraße, Schwarzer Weg (der schon als Feldweg zu Anfang des Jahrhunderts bebaut war), Mörkenstraße, Hajo-Unken-Straße, Conrebbersweg."

Am 10. Mai 1874 wurde das Kriegerdenkmal am Denkmalplatz zu Ehren der Opfer des deutsch-französischen Krieges 1870/71 eingeweiht, an dem seit 1878 der erste regelmäßige Wochenmarkt stattfand. Das stete Wachstum Leers wirkte sich auch auf die Kirchen aus: So errichteten die Lutheraner 1900 an

Das Kriegerdenkmal am Denkmalplatz.

der Von-Jhering-Straße die neugotische Christuskirche nach den Plänen von J. D. Thien und Söhne in Leer. Auch die Baptistenkirche an der Ubbo-Emmius-Straße wurde im neugotischen Stil erbaut.

Rathaus als Erbe

Während sich die Stadt Leer in atemberaubendem Tempo entwickelte, verfiel das alte Stadthaus zusehends. Vor allem die Sturmflut vom 12. Dezember 1883, bei der in Leerort der Deich gebrochen war, richtete erhebliche Schäden an: Im Stadthaus stand das schlammige Wasser fast einen Meter hoch im Dienstzimmer des Bürgermeisters; die Spuren sind noch heute an einigen alten Akten zu sehen.

In dieser Situation half den Stadtvätern der Rentier Bernhard August Schelten, an den eine Votivtafel im Eingangsbereich des Rathauses erinnert: Der Werbeoffizier hatte an den amerikanischen Sezessionskriegen teilgenommen und die Stadt Leer nach seiner Rückkehr als Universalerbin eingesetzt. Knapp ein Jahr später starb er an seinem 41. Geburtstag am 3. Februar 1881. Die Stiftung seines Nachlasses – 158 250 Goldmark – war für den Bau des neuen Rathauses bestimmt, mit dem die Leeraner – vor allem in Hinblick auf die Emder Konkurrenz – ihr gewachsenes Selbstbewusstsein darstellen konnten.

Aus dem deutschlandweiten Wettbewerb, den die Stadt ausschrieb, ging Karl Friedrich Wilhelm Henrici, Professor an der Technischen Hochschule Aachen und Lehrer für Neorenaissance, als Sieger hervor. Nach seinem Entwurf errichtete die Leeraner Firma Ernst Schumacher innerhalb von vier Jahren den zur Waage passenden prächtigen Backsteinbau im Stil der Neurenaissance. Er ist durch horizontale Sandsteinbänder sowie Arkaden und Fensterlaibungen mit Dreieck- und Segmentbögen gegliedert.

54 Meter misst der Rathausturm, auf dessen quadratischem Unterbau sich analog zur Lutherkirche ein achteckiger Turm erhebt. Zusammen mit dem etwas niedrigeren Gegenstück der reformierten Kirche beherrscht er seit 1894 die Stadtsilhouette von Leer. Die Hausteinquader an der Ecke bei der Treppe erinnern an die Haneburg. Dem Neubau an der Ecke zur Königstraße, der letztlich rund 390 000 Mark kostete, hatten drei Häuser weichen müssen.

Beim Eingangsportal ist das in Stein gehauene Wappen zu sehen, das König Georg 1861 der Stadt verlieh. Es zeigt ein Kastell mit einem Löwen sowie ein Schild mit dem königlichen Pferd. Doch haben sich die Leeraner nie mit den Hannoveranern identifiziert: Das Gros wollte während der Hannoveraner Zeit seinen Preußenkönig wiederhaben, und so veranstalteten die Bürger am 29. Juni 1866 eine spontane Annexionsfeier auf dem Marktplatz bei der Waage, als sich die hannoversche Armee dem preußischen General Manteuffel ergeben hatte. Nur wenige Welfen-Anhänger, wie der Leeraner Historiker Onno Klopp, der dem Welfenkönig ins österreichische Exil folgte, trugen Trauer. Noch im Jahr zuvor hatte die Ostfriesische Landschaft auf Anregung von Ehrlenholtz die 50-jährige Zugehörigkeit zu Hannover gefeiert.

Bei den ersten allgemeinen, gleichen und geheimen Wahlen zum Norddeutschen Reichstag im Februar 1867 erlitten die Welfen eine so verheerende Niederlage, dass sie nie wieder in Ostfriesland kandidierten. Bis 1879 entschieden sich die Leeraner mehrheitlich für Vertreter der nationalliberalen Partei, die Bismarcks Politik unterstützten. In den 1880er Jahren hatten die Linksliberalen die Mehrheit. In Leer beginnt auch die Geschichte der ostfriesischen

Sozialdemokratie: 1893 gründete der Schuhmacher Abel Meyer einen sozialdemokratischen Arbeiterverein, aus dem 1905 der Sozialdemokratische Ortsverein mit 73 Mitgliedern wurde.

Dem Kaiser zu Ehren

Als das Rathaus am 29. Oktober 1894 offiziell eingeweiht wurde, gehörte Ostfriesland zum Kaiserreich. Zu Ehren von Kaiser Wilhelm II. wurde der große holzvertäfelte Festsaal, der in drei Metern Höhe von einem Tonnengewölbe überspannt wird, „Kaisersaal" genannt. Dort gab es am 9. Mai 1895 ein großes Festmahl, nachdem der Regierungspräsident das gerade eingetroffene Bildnis des Kaisers feierlich an Bürgermeister August Dieckmann übergeben hatte. Allerdings verschwand das Portrait Wilhelms II. während der Novemberrevolution von 1918 im Keller, während der Arbeiter- und Soldatenrat die rote Fahne auf dem Rathaus hisste, und die Kaiserfenster sind zugemauert. Die farbigen Glasfenster mit Kaiserbildern, die den rund 20 Meter langen, zehn Meter breiten und fünf Meter hohen Raum schmückten, wurden im Dritten Reich von den Nationalsozialisten entfernt und vom Kriegerverein im Wasserturm gelagert. Von dort kamen sie zur 1889 gegründeten Tütenfabrik Neemann, die im letzten Weltkrieg zerstört wurde – mitsamt den Kaiserbildern.

In der Anfangszeit waren im Rathaus außer der Verwaltung ein Altertumsmuseum, ein Postamt und die städtische Sparkasse untergebracht, und neben dem „Ratskeller", der seit 1983 wieder zu gepflegtem Essen und Trinken im historischen Gewölbe einlädt, lagen die Gefängniszellen. Heute findet das Gros der Verwaltungsarbeit im neuen Rathaus statt, einem schlichten Verwaltungsgebäude, das am 19. August 1983 eingeweiht wurde.

Für die Sternstunden der Stadt Leer aber ist nach wie vor der ehemalige Kaisersaal der passende Rahmen, während der kleine Sitzungssaal heute als Standesamt dient. Dort hängen auch Fotos der 20 Vorgänger des jetzigen Bürgermeisters Wolfgang Kellner, der Günther Boekhoff 2001 nach einer 28-jährigen Amtszeit ablöste. Seit 1954 ertönt stündlich ein Glockenspiel vom Rathausturm, das ein niederländischer Glockengießer aus 25 Glocken schuf.

Eine Besichtigung des Alten Rathauses gehört zu den Höhepunkten einer Stadtführung – und das nicht nur wegen des wunderschönen Ausblicks, den man vom Rathausturm aus auf die Leeraner Altstadt genießt. Gleich im Eingangsbereich fallen die allegorischen Frauengestalten des Stuttgarter Kunstmalers Robert Nachbauer auf, der auch das großzügige Treppenhaus und die Fest- und Sitzungssäle mit Wand- und Gewölbemalereien verziert hat. Das Standbild auf dem Treppenpodest beim Aufgang zum

Die Fußgängerzone (mit dem Modehaus Leffers im Vordergrund) setzt moderne Akzente.

Eine der schmucken Innenstadtfassaden.

ersten Stock, das 1903 von dem Düsseldorfer Künstler Adolf Nieder geschaffen wurde, stellt den Leeraner Fischer Edo Battermann dar, der mehrere Menschen vor dem Ertrinken gerettet hatte. Er starb 1906 mit 75 Jahren nach einem Unfall im Leeraner Hafen.

Die riesige freistehende Uhr in der ehemaligen Wartehalle im Erdgeschoss stammt aus dem Kaiserlichen Postamt, das 1886 gegenüber vom Bahnhof erbaut wurde und 1978 der umstrittenen Stadterneuerung zum Opfer fiel. Auf derselben Etage führt eine Dauerausstellung im Sitzungsraum 2, die im Zuge der Erarbeitung der „Dokumentation Leer 1933–1945“ entstand, den Besuchern des Rathauses in erschreckender Deutlichkeit den Wahnsinn der NS-Zeit am Beispiel Leer vor Augen, unter anderem die Ausgrenzung, Verfolgung und Ermordung der jüdischen Bevölkerung. Seit 2001 dient die Dokumentation als Grundlage für das „Archivpädagogische Modell zur Prävention gegen Rechts“, ein Pilotprojekt der Stadt Leer.

Im Dritten Reich wurde die Leeraner Stadtverfassung durch die Deutsche Gemeindeordnung vom 30. Januar 1935 ersetzt. Im Jahr 1933 war sie schon einmal geändert worden, damit der nationalsozialistische Staatskommissar Erich Drescher, von Beruf Zollkommissar, überhaupt zum Bürgermeister ernannt werden konnte. Die ursprüngliche Verfassung sah vor, dass nur derjenige zum Bürgermeister ernannt werden konnte, der zum Richteramt befugt war.

20 Jahre später trat eine neue Ratsverfassung nach der Niedersächsischen Gemeindeordnung von 1955 in Kraft. Von da an bis zur Einführung der (in allen übrigen Bundesländern üblichen) Eingleisigkeit in Niedersachsen hatte die Verwaltung eine Doppelspitze: Leitender Beamter war nicht mehr der Bürgermeister, sondern der Stadtdirektor; ihm wurde ein

Bürgerhäuser in der Altstadt.

ehrenamtlicher Bürgermeister als Ratsvorsitzender zur Seite gestellt, wobei die Ratsbeschlüsse vom Verwaltungsausschuss vorbereitet wurden. Günther Boekhoff, der von 1973 bis 2001 als Bürgermeister in Leer wirkte, stand ab 1997 alleine an der Spitze, als Leer als eine der ersten Kommunen in Niedersachsen eingleisig wurde und sich damit auf die französische Mairie-Ordnung zurückbesann.

Außerdem sah die Niedersächsische Gemeindeordnung von 1955 in Anlehnung an die alte hannoversche Städteordnung vor, dass größeren Städten die Rechtstellung einer selbständigen Stadt verliehen werden kann. Damit werden staatliche Aufgaben wie das Bauordnungsrecht auf die Kommune übertragen. Diese Gelegenheit ergriffen die Leeraner sogleich beim Schopf – mit Erfolg: Das Landesministerium verlieh ihnen auf ihren Antrag den begehrten Titel „Selbstständige Stadt“ mit Wirkung vom 1. Oktober 1955. Damit darf die Stadt die Aufgaben, die der Landkreis für die sonstigen Gemeinden wahrnimmt, selbst ausführen. So ist sie beispielsweise für die Erteilung von Baugenehmigungen und straßenverkehrsrechtlichen Genehmigungen zuständig. Die Eröffnung eines Bürgerbüros macht‘s den Leeranern möglich, verschiedenste Angelegenheiten bei einem Ansprechpartner zu erledigen.

1950 verabschiedete sich die Stadt Leer von dem mit Symbolen überfrachteten Wappen, das ihnen Georg V. verliehen hatte, und kehrte zu dem schlichten „L“ mit dem vierblättrigen Röschen zurück, das von zwei Sternen begleitet wird. Das älteste bekannte Siegel dieser Art ziert ein Schreiben vom 22. März 1659. Die Inschrift darauf besagt: „FLECK. LEER. ANNO.1632“. Damit haben die Leeraner, die nie eine Stadt sein wollten, das alte Wappen des Fleckens wieder.

Die Stadt baut einen Hafen

Während die Preußen beim Bau des Dortmund-Ems-Kanals kräftig in den Emder Hafen investierten, waren die Leeraner auf Bordmittel angewiesen. Die Leeraner Bürgermeister Dieckmann und vom Bruch investierten kräftig in die Infrastruktur der Stadt.

Nachdem die Leeraner ihr prächtiges Rathaus feierlich eingeweiht hatten, brachen sie das alte Stadthaus bei der Waage ab. Noch im selben Jahr, kurz vor Weihnachten, zeigte es sich, dass eines ihrer Hauptprobleme noch nicht gelöst war: Bei einer Sturmflut am 22. und 23. Dezember 1894 wurden große Teile der niedrig gelegenen Altstadt überschwemmt, wieder einmal. Als die Leda 1825 bei stürmischem Wetter über die Ufer getreten war, hatten die Neue Straße, die Königstraße und das Pferdemarktgebiet unter Wasser gestanden.

Dem gerade zur Stadt ernannten Leer fehlten so gut wie alle Schutzmöglichkeiten: Es hatte keine Stadtmauern, keine Wälle, keine Stadttore, nur einen Deich beim Plytenberg – und trotz des blühenden Handels keinen richtigen Hafen. Letzteres bedauerte Fridrich Arends 1824 in seiner „Erdbeschreibung des Fürstenthums Ostfrieslands und des Harlingerlandes“: „Ein eigentlicher Hafen ist nicht vorhanden. Die Schiffe müssen auf dem Strom ankern – ein Theil desselben ist jedoch durch so genannte Dukedaljes (duc d'Alben) eingefaßt, welches eine Art Hafen bildet, so den Schiffen während dem Winter ein sicheres Lager gewährt.“ Er erkannte zugleich, dass die Leeraner eine einmalige Chance hatten, die es nur zu nutzen galt: „Die Lage an einem für die größten Seeschiffe fahrbaren Fluß, in der Gegend, wo See- und Flußschiffahrt zusammen treffen, gewähren der Stadt Vortheile, welche sonst keine der ostfriesischen Häfen, in ihrer jetzigen Lage, darbieten; die Natur bestimmt sie zu einer der wichtigsten deutschen Handelsplätze, sobald nur der Rhein mit der Ems verbunden ist (!), zumal ihre Kaufleute sehr betriebsam sind.“ Arends sparte nicht mit guten Ratschlägen: „Bei stärkerer Zunahme des Handels müßte für neue Kajungen gesorgt oder ein eigener Hafen ausgegraben werden.“

Tatsächlich ernannte die junge Stadt 1825 einen eigenen Hafenmeister und legte neue Lösch- und Ladebrücken am Ufer der Waage an. 1854 richtete sie eine Navigationsschule (Seefahrtschule) ein, die zehn Jahre später vom Staat übernommen wurde. Um diese Zeit war Leer Heimathafen von 42 seetüchtigen und fünf weiteren Segelschiffen sowie einem Dampfschiff; die meisten Schiffe waren während der napoleonischen Kriege verloren gegangen. Neben den Werften „Industrie“, „Concordia“ und „Harmonie“ gab es noch zwei kleinere Schiffbau-Unternehmen sowie mehrere Segelmachereien und Schiffsschmieden.

Nachdem die Leeraner auf Kosten der Hannoveraner einen Dockhafen beim Bahnhof errichtet hatten, waren sie der Konkurrenz aus Emden weit über-

Links: Leda und Ems prägen das Erscheinungsbild von Leer.
Rechts: Die Seefahrtschule.

Der Seehafen der Ledastadt ist seit Jahrhunderten vom Handel geprägt.

legen, wie die Schifffahrtsstatistik von 1861 zeigt: In Leer legten 3314 Schiffe mit 72257 Lasten an, im Emder Hafen jedoch nur 2423 Schiffe mit 42765 Lasten. Die Emder litten unter der dauernden Verschlickung ihres Hafens und dem Verlust des Stapelrechts. Als die Preußen 1879 den Emder Hafen übernahmen, konnten ihn nur noch Schiffe mit einem Tiefgang von 3,50 Metern erreichen. In Leer hingegen stellte ein Tiefgang von fünf Metern kein Problem dar. 1869 verfügten die Leeraner über den größten Hafen in Ostfriesland und entwickelten einen emsigen Speditionshandel: Sie exportierten ostfriesische Produkte und importierten Steinkohle, Koks und Roheisen aus England sowie Holz aus Skandinavien und Russland.

Doch hatte Leer nicht lange die Nase vorn. So steckten die Preußen viel Geld in den Ausbau des Emder Seehafens, als sie innerhalb von sieben Jahren (von 1892 bis 1899) den Dortmund-Ems-Kanal schufen, die von Arends sehnlichst gewünschte Verbindung zwischen dem Ruhrgebiet und Ostfriesland. Die Stadt zwischen Ems und Leda hingegen bekam kaum Unterstützung von Seiten der Regierung, als sie sich an die Lösung ihrer Probleme machte und von 1900 bis 1903 einen tidefreien Hafen schuf. Drei Millionen Mark kostete die Verwirklichung der Pläne von Wasserbauinspektor Duis, davon musste Leer 2,5 Millionen über eine Anleihe beschaffen.

Die Halbinsel Nesse, die ursprünglich mit dem Overledinger Land verbunden war, wurde an ihrer schmalsten Stelle durchstochen, wo sie im 18. Jahrhundert schon einmal durchzubrechen drohte. Seitdem bildet die alte Ledaschleife ein einziges großes, tideunabhängiges Hafenbecken mit einer Wasserfläche von 40 Hektar und einer Uferlänge von insgesamt acht Kilometern. Den westlichen Leda-Arm vom Dock bis unterhalb der Altstadt ernannte die Stadt zum Handelshafen, den anderen Arm zum Industriehafen.

Seeschleuse

Die Zufahrt von der durch den Durchstich begradigten Leda zur Ledaschleife regelt eine Schleuse, die zur gleichen Zeit für 1,3 Millionen Mark nach dem Vorbild der großen Seeschleuse in Ijmuiden gebaut wurde – als einzige elektrisch betriebene Seeschleuse in Preußen. Sie wurde bei der Grundinstandsetzung von 1974 bis 1976 erweitert, so dass sie heute 192 Meter lang und 26 Meter breit ist.

Bis zum Ausbau des Leeraner Hafens wurden die Abwässer durch Gräben und gemauerte Rinnen in der Straßenmitte in die Leda-Schleife geleitet. Weil der stillgelegte Leda-Arm ein nahezu totes Gewässer geworden war, erhielt Leer im Zuge der Hafenarbeiten eine eigene Kanalisation mit einem Sammelteich an der Ems. Doch votierte das Bürgervorsteherkollegium 1903 gegen den Plan von Bürgermeister und Stadtdirektor August Dieckmann, die Einwohner zwangsläufig ans Kanalnetz anzuschließen. Diverse Betriebe, darunter die um 1860 gegründete Strohpappenfabrik von Friedrich Wilhelm Halbach, leiteten ihre Abwässer weiter in den Hafen ein. Er wurde von den Leeranern daher naserümpfend „Stinkgööt“ genannt.

Deichbau

Neben der Kanalisation nahm die Stadt 1901 den seit langem überfälligen Deichbau in Angriff, aus aktuellem Anlass: Bei einer Sturmflut zu Jahresbeginn war das Wasser bis zur neuen Bergmannstraße vorgedrungen, einem ehemaligen Landweg in Richtung Strohhut, dessen Ausbau wie bei der Garrelsstraße durch Schenkungen von Leeraner Bürgern möglich geworden war. Dieckmann, der die Stadt von 1888 bis 1913 führte, erinnerte sich an das Unwetter: „In der Nacht vom 27. zum 28. Januar 1901 erhob sich mit Gewittererscheinungen ein gewaltiger böenartig auftretender Orkan, das Wasser der Ströme wuchs, die starken Eismassen desselben zerbarsten krachend, und was die Fluten verschonten, zerstörten die auch in den Straßen der Unterstadt umherschwimmenden Eisschollen. Aller sonst ausreichende Schutz der Häuser versagte den Dienst." Noch 1901 erhielt Leer einen Deich, der den tief gelegenen Süderhammrich zwischen Leda und Ems schützt. Er führt entlang der Ems bis Leerort und von da aus an der Leda lang zur neuen Schleuse.

Aber auch die Wasserversorgung von Leer lag Dieckmann am Herzen: 1902 übernahm die Stadt das Wasserwerk in Heisfelde, das 1895 von einem Privatunternehmen für Leer, Heisfelde und Loga gebaut worden war. Damit wurden die 1200 privaten und vier öffentlichen Brunnen (Pütten) überflüssig, die unter anderem an der Kaakspütte und der Brunnenstraße („Tüsken beide Pütten") errichtet worden waren.

Bauboom

In dieser Zeit herrschte zudem Hochsaison beim Bau von Schulgebäuden: So wurde die 1849 gegründete höhere Töchterschule (heute Teletta-Groß-Gymnasium), die erste nichtkirchliche Schulgründung in Leer, 1885 am Harderwykensteg einquartiert. Gründungsmitglied Carl Emanuel Groß und seine Ehefrau Teletta förderten die Töchterschule mit ihrem persönlichen und finanziellen Einsatz. Zusammen mit den Kirchen errichtete die Stadt weitere Volksschulen in den Neubaugebieten östlich der Bahn: 1891 eine lutherische in Hoheellern und 1898 eine reformierte in der Ulrichstraße. Von 1859 bis

Leer ist ein beliebtes Ziel von Freizeitkapitänen.

1877 erhielt die Navigationsschule ein neues Gebäude an der Bergmannstraße.

Der Bauboom in der Kaiserzeit schlug sich auch in zahlreichen privaten Gebäuden nieder, die in der zweiten Hälfte des 19. Jahrhunderts bevorzugt an der Mühlen-, Brunnen-, Friesen- und Bremer Straße entstanden. In dieser Zeit geht der Historismus in den verspielten Jugendstil über, der die Fassaden mit Erkern, Türmchen und floraler Ornamentik wie Blättern, Blüten und Früchten auflockert. Viele Bürger der noch jungen Stadt aber richteten sich beim Häuslebauen nach ihrem Rathaus, das 1894 im Stil der Neu-Renaissance errichtet worden war.

Auch die Wirtschaft wuchs und gedieh weiter. Ende des 19. Jahrhunderts gab es in Leer drei Eisengießereien, wovon das 1873 von Boekhoff gegründete Unternehmen am erfolgreichsten war, sowie eine Imprägnieranstalt für Eisenbahnschwellen. Sowohl die Schmiedewerkstatt Cramer als auch eine Werkstatt zur Reparatur von Dampfern, die 1869 in einem Bauernhof am Dock eröffnet worden war, entwickelten sich zu Maschinenfabriken. 1879 begann die Spirituosenfabrik Folts und Speulda mit der Produktion von Hochprozentigem, und zehn Jahre später gründete Meinhard Neemann eine Tütenkleberei, die als „mechanische Papierwarenfabrik" Leeraner Wirtschaftsgeschichte schrieb. Heute stellt das Unternehmen vornehmlich Kunststoff-Verpackungen und Tragetüten her.

Doch es ging nicht nur aufwärts: Ende des 19. Jahrhunderts schlossen die drei großen Leeraner Werften ihre Pforten. Bei der „Harmonie" an der Norderstraße lief 1889 das letzte in Leer gebaute Segelschiff, die „Tütterina", vom Stapel. An die alte Werft erinnert heute noch die Hellingstraße, die von der Brunnenstraße zum Hafen führt.

Brücke zur Nesse

Auch rang die Stadt ohne großen Erfolg um die Ansiedlung von Betrieben auf der 64 Hektar großen Halbinsel Nesse. Die Kommune hatte die vornehmlich als Grünland genutzte Fläche 1841 erworben und den größeren Teil – 36 Hektar – neben dem Gelände an der Sägemühlenstraße und der Groninger Straße als Industriegebiet ausgewiesen. Am 22. Dezember 1862 pachtete Harm Alberts Weerda die Halbinsel von der Stadt, auf der sich laut Pachtvertrag ein Bauernhof nebst Scheune, Gärten und Ländereien sowie zwei Ziegeleien befanden. Den ersten Verarbeitungsbetrieb auf der Nesse errichtete die Leerer Heringsfischerei-Aktiengesellschaft, die 1905 unter starker Kapitalbeteiligung der Stadt gegründet worden war. An der Sägemühlenstraße hatte Wilhelm Connemann bereits 1894 eine Ölfabrik gegründet.

Wie Dieckmann, der 1913 im Alter von 56 Jahren kurz nach seinem 25-jährigen Dienstjubiläum gestorben war, investierte der im Oktober 1920 gewählte liberale Leeraner Bürgermeister Dr. Erich vom Bruch vornehmlich in den Leeraner Hafen; dabei lag ihm die Verbindung zur Nesse besonders am Herzen. Während die Stadtväter beim Schleusenbau in der Kaiserzeit noch Gastarbeiter aus Italien einsetzen mussten, weil es an heimischen Arbeitskräften mangelte, hatte vom Bruch in der Weimarer Zeit mit dem rasanten Anstieg der Arbeitslosigkeit, Weltwirtschaftskrise und Wohnungsmangel zu kämpfen.

Mitte 1925 gab es so gut wie keinen Umschlag mehr im Leeraner Hafen. In der Not tätigte die Stadt Investitionen, die sie mit geliehenen Geldern finanzierte. 1926 ließ vom Bruch die bereits von Dieckmann geplante Rathausbrücke als Verbindung zur Nesse bauen; die Klappbrücke trägt heute seinen Namen. Einen schnellen Zugang vom Bahnhof zur Nesse ermöglicht der an die Georgstraße anschließende Georgstraßendamm, der ein Jahr später nach dem Bau eines Eisenbahndamms aufgeschichtet wurde. Gleichzeitig ließ die Stadt den Dockhafen, der immer wieder verschlickte, wieder zuschütten. Außerdem entstand eine neue Hafenumschlagstelle mit Kaimauer, Schuppen und Kränen.

Viehhof

Die grüne Halbinsel in der Leda zog schließlich die Deutsche Libby-Gesellschaft an, die ein Grünlandgebiet mit hohem Milchüberschuss suchte: Sie errichtete 1926 auf der Ostseite der Nesse ein großes Dosenmilchwerk. In der Nähe baute der 1920 gegründete Molkereiverband für Ostfriesland seine Buttererfassungs- und Absatzzentrale nebst einer großen Kühlanlage. Dazu passte der seinerzeit größte Viehhof Deutschlands, den die Stadt Leer von 1925 bis 1927 auf der Nesse ansiedelte. Nach heftigen Auseinandersetzungen hatte sich vom Bruch bei der Standortwahl durchgesetzt: Die bürgerliche Mehrheit in den städtischen Gremien hätte den Viehhof lieber beim alten Markt gesehen, die SPD hingegen plädierte für eine Ansiedlung zwischen Edzardstraße und Burfehner Weg. Für den Bau der großzügigen Anlage hatte die Stadt eine Auslandsanleihe von einer Million Mark aufgenommen.

1927 wuchs östlich der Bahnlinie ein quadratisches Betongerüst mit einer Seitenlänge von 13,5 Metern in die Höhe, das mit Steinen ummantelt wurde. Seitdem gehört der 48,5 Meter hohe Wasserturm, der 600 Kubikmeter Wasser in einem genieteten Metallbecken fasst, zu den Wahrzeichen von Leer. Zwei Jahre später kaufte die Stadt den Julianenpark vom Grafen von Wedel. Ebenfalls 1929 gründete sie zusammen mit der Preußischen Elektrizitäts-Aktiengesellschaft in Berlin die Weser-Ems-Stromversorgungs-Aktiengesellschaft (Wesag), aus der sich der Oldenburger Energie-Konzern EWE entwickelte. In Leer sorgte bereits seit 1861 ein Gaswerk dafür, dass Straßenlampen und Häuser mit Leuchtgas erhellt wurden. Als 1931/32 die Verlegung der Leerer Heringsfischerei drohte, erwarb die Kommune im Januar 1932 mit dem Aktienanteil der Deutschen Hochseefischerei Bremen-Cuxhaven AG die Mehrheit. Zu diesem Zeitpunkt verfügten die Leeraner über 20 Heringslogger.

Not und Elend

Bei der Schaffung von neuem Wohnraum wurde die Stadt von dem Gemeinnützigen Bauverein Leer und Umgegend unterstützt. Er war 1912 von Bürgern gegründet worden, die auch den weniger Begüterten zu einem Haus verhelfen wollten. 1914 errichteten sie die ersten „Erwerbshäuser" an der Ecke Ubbo-Emmius-Straße/Conrebbersweg; bis zum Beginn des Zweiten Weltkriegs schuf der Verein rund 250 Wohnungen, darunter ein neues Wohnviertel in der Gegend am Pulverturm und am Conrebbersweg, das im Volksmund abschätzig „Neu-Amerika" genannt wurde.

Dennoch gab es in Leer erschreckend viele Obdachlose, weil es an Arbeit mangelte. Wie schon Dieckmann versuchte vom Bruch, bei Streiks und Aussperrungen in Leeraner Firmen zu schlichten. Es gelang ihm noch 1930/31, das Arbeitsamt an der Ledastraße und das Finanzamt an der Edzardstraße zu bauen, bevor der Baumarkt zum Erliegen kam. „Die Zahl der Hauptunterstützungsempfänger im Arbeitsamtsbezirk stieg in den letzten Tagen um 777 auf 3614, die der Arbeitssuchenden um 581 auf 9403", meldete der „Volksbote" am 13. Januar 1933.

Ein Wahrzeichen der Stadt: der Wasserturm.

Einen Monat später berichtet der „Volksbote" über das Elend der Leeraner: „Es gibt Häuser, an deren Türen fast ununterbrochen die Not anklopft. Erwerbslose Arbeiter, stellungslose Kaufleute, Handwerksmeister, Greise und halbflügge Jugendliche, alles bittet um ein bisschen Lebensnotdurft. Nicht um ein paar Pfennige in erster Linie, sondern um einen Teller Suppe, ein Hemd, Strümpfe und Schuhe. Der Menschheit ganzer Jammer packt einen an, wenn man die armen Burschen frieren und warten sieht. Es kann heute längst nicht mehr ein jeder geben; viele, die noch ein Dach über dem Kopf haben, sind ja selbst so bettelarm wie der Obdachlose draußen vor der Tür."

In den Tod getrieben

Zu den Opfern des Nationalsozialismus gehören neben den Leeraner Juden Bürgermeister Erich vom Bruch und Hermann Tempel.

Wilhelmine Siefkes schilderte die soziale Not in Leer sehr eindrucksvoll in ihrem sozialkritischen Roman „Keerlke", in dem sie das Schicksal eines Kindes auf Plattdeutsch erzählt. Aber auch als freie Mitarbeiterin des sozialdemokratischen „Volksboten" machte die Dichterin, die 1922 in die SPD eingetreten war, auf die Situation der Leeraner Arbeitslosen aufmerksam, die „eine stumme und zugleich schreiend laute Anklage gegen den Irrsinn unserer Wirtschaftsordnung" sei.

Auf das Elend der Arbeiter und Arbeitslosen in Leer war die Lehrerin durch die führenden Leeraner Sozialdemokraten Hermann Tempel und den Gewerkschafter Louis Thelemann aufmerksam geworden, die sie Anfang der 1920er kennengelernt hatte. Wilhelmine Siefkes war von Anfang an dabei, als Hermann Tempel das in Ostfriesland führende sozialdemokratische Blatt 1924 in Leer gründete. Schon Ende der 1920er warnte der Pädagoge eindringlich im „Volksboten" vor der braunen Gefahr: „Der Nationalsozialismus wäre – wenn er sich durchsetzen würde – das Ende der deutschen Nation." Tatsächlich hatten es die Nazis in Leer schwerer als anderswo, Fuß zu fassen: Bei den Gemeindewahlen 1929 erhielt die NSDAP nicht einmal einen einzigen Sitz im Bürgervorsteherkollegium.

Nach der Machtergreifung vereitelten Reichsbanner und örtliche Polizei den Versuch der SA, die letzte große Wahlveranstaltung der SPD in Leer am 16. Februar 1933 zu sprengen. Bürgermeister Dr. Erich vom Bruch weigerte sich, der NSDAP die Viehhalle auf der Nesse für ihre Massenversammlungen zur Verfügung zu stellen, und Hermann Tempel kritisierte den Menschen verachtenden Nationalsozialismus weiter im „Volksboten", bis dieser Ende Februar verboten wurde. Am 8. März 1933 marschierten SA und Stahlhelm vor dem Rathaus auf und hissten Schwarzweißrot und die Hakenkreuzfahne; noch am selben Abend ließ vom Bruch die Fahnen wieder einziehen.

Bei der Kommunalwahl am 12. März 1933 errang die NSDAP zwölf von 24 Sitzen, doch wurde sogar ein kommunistischer Bürgervorsteher gewählt. Er hatte allerdings genau so wenig Chancen wie die acht gewählten Sozialdemokraten. Der Leeraner Bürgervorsteher Hermann Tempel, der bereits 1925 als SPD-Abgeordneter in den Reichstag eingezogen war, stimmte am 24. März gegen Hitlers Ermächtigungsgesetz. Er musste nach dem Verbot der SPD in die Niederlande fliehen, wo er im Dezember 1940 von der Gestapo verhaftet wurde.

Wegen „Vorbereitung eines hochverräterischen Unternehmens" verbrachte er zwei Jahre im Gefängnis, 1942 wurde er auf Bewährung entlassen, doch durfte er nicht nach Ostfriesland zurückkehren. Am

Links: Blick auf den Kulturspeicher.
Rechts: Im Hermann-Tempel-Haus befindet sich die Stadtbibliothek.

27. November 1944, zwei Tage vor seinem 55. Geburtstag, starb er als schwerkranker und gebrochener Mann in Oldenburg. Noch im August war er im Zusammenhang mit dem gescheiterten Attentat auf Hitler vorübergehend inhaftiert worden. Seinen Namen trägt heute ein 1896 errichtetes Packhaus, in dem seit 1979 die Leeraner Stadtbibliothek untergebracht ist. Es liegt wie der Kulturspeicher, ein beliebter Veranstaltungsort, am Wilhelminengang.

Wilhelmine Siefkes wurde 1933 aus politischen Gründen aus dem Schuldienst entlassen und erhielt bis 1945 Schreibverbot. Die engagierte Frau schrieb jedoch unter dem Pseudonym „Wilmke Anners" weiter und bekam 1941 für ihren im Jahr zuvor veröffentlichten Roman „Keerlke" den „Fehrspreis" für plattdeutsche Prosadichtung. Weil auch lutherische Pastoren das Naziregime unterstützten, trat sie aus der Kirche aus und wurde Mennonitin. Ende 1985 stellte die Stadt Leer zu Ehren ihrer am 28. August 1984 gestorbenen Ehrenbürgerin die von Christian Eisbein geschaffene Bronzeplastik „Keerlke" im Innenhof des Rathauses auf, die von einem Leeraner Kaufmann gestiftet wurde.

Das Schicksal ihrer Freunde hatte Wilhelmine Siefkes 1944 in eine Lebenskrise gestürzt: In demselben Jahr, in dem Hermann Tempel starb, wurde ihr Lebensgefährte Thelemann verhaftet – wieder einmal. Zusammen mit Johann Epkes kam der Sozialdemokrat für ein paar Tage als „Schutzhäftling" in das Konzentrationslager von Neuengamme. Nach dem Kriege wirkte Thelemann von 1946 bis 1948 als Bürgermeister der Stadt Leer und von 1948 bis 1953 als Stellvertreter.

Hetzkampagne

Auch Bürgermeister vom Bruch gehörte zu den Leeraner Opfern des Nationalsozialismus. Gegen ihn führte die NSDAP eine aggressive Antikorruptionskampagne wegen „städtischer Pumpwirtschaft" und „Unkorrektheiten in der Verwaltung". Am 28. März 1933, unmittelbar vor der ersten Sitzung des Leeraner Bürgerkollegiums, ließ NSDAP-Kreisleiter Erich Drescher den Bürgermeister und weitere führende städtische Beamte, darunter Viehhofdirektor Dr. Krause, wegen „Vertuschungsgefahr" in „Schutzhaft" nehmen. Drescher, der daraufhin die Leitung der Stadt übernahm (am 28. August 1933 wurde er einstimmig zum Bürgermeister ernannt), setzte eine Untersuchungskommission ein, die ständig mit neuen Verdächtigungen gegen die alte Stadtverwaltung aufwartete. Den Beamten, darunter vom Bruch, ließ er das Gehalt sperren.

Den Höhepunkt der Kampagne sollte am 9. Mai 1933 eine „Aufklärungsversammlung" unter dem Titel „Jetzt kommt die Abrechnung" bilden. Zwei Tage vorher erschoss sich vom Bruch. Beim Prozess der Korruptionsversammlung am Landgericht Aurich im Jahr darauf erwiesen sich die Vorwürfe gegen die alte Stadtführung als völlig haltlos.

Judenverfolgung

Der Rassenwahn der Nazis sorgte dafür, dass der Leerer Zucht- und Nutzviehmarkt auf der Nesse seine europaweite Bedeutung verlor. Bereits im Vorfeld, von 1926 bis 1928, hatten Prozesse gegen jüdische Viehhändler stattgefunden, die von einem auswärtigen Studenten mit Hakenkreuz-Abzeichen zu Handgreiflichkeiten provoziert worden waren. Am 19. März 1933 verbrannten die Nazis auf dem Uferplatz jüdische Schächtmesser zusammen mit zwei schwarzrotgoldenen Fahnen. Kurz darauf wurden die jüdischen Geschäfte boykottiert und die jüdischen Viehhändler vom Viehmarkt ausgeschlossen.

In der Nacht vom 9. auf den 10. November 1938 ging die prachtvolle Synagoge an der Heisfelder Straße 44 in Flammen auf, die erst 1885 von der jüdischen Gemeinde feierlich eingeweiht worden war. Die Fenster jüdischer Geschäfte und Wohnungen wurden zerstört, die jüdischen Familien durch Leer getrieben und über Nacht im Viehhof auf der Nesse eingesperrt, wo sie weiter gedemütigt und misshandelt wurden. Am nächsten Morgen konnten Frauen, Kinder und Greise nach Hause gehen, 56 Männer aber wurden am 11. November über Oldenburg in das Konzentrationslager Sachsenhausen verschleppt. Im Frühjahr 1940 endete die Geschichte der Leeraner Juden, die im 16. Jahrhundert begonnen hatte: Die Nazis deportierten die letzten 106 Juden, die trotz des Terrors in Leer geblieben waren, aufgrund des anstehenden Westfeldzugs in deutsche Großstädte. Von dort aus gelangten sie in die Vernichtungslager.

Im Juni 1985 kehrten einige der Überlebenden zu einer Woche der Begegnung nach Leer zurück. Gemeinsam mit den Leeraner Christen begingen sie den 100. Jahrestag der Einweihung der Synagoge, an

Der jüdische Friedhof von Leer.

deren Stelle seit Kriegsende eine Autowerkstatt steht. In unmittelbarer Nähe errichteten die Leeraner 2002 eine Synagogengedenkstätte: Einen Davidstern, der in ein weiträumiges Pflaster eingelassen ist, umgeben drei jeweils zirka 2,70 Meter hohe flache Stahlstelen, die auf der Innenseite beschriftet sind.

Die Grabsäulen tragen die Namen aller ermordeten jüdischen Mitbürger der Stadt Leer und informieren über die Geschichte der jüdischen Gemeinde, die mit dem Grauen des Holocausts endete. Sie war von über 170 Mitgliedern im Jahr 1793, als die Leeraner Juden ihre erste Synagoge an der Pferdemarktstraße bauten, auf 280 bis 290 Gemeindeglieder angewachsen (2,4 Prozent der insgesamt 12800 Einwohner Leers), die über die ganze Stadt verteilt wohnten. Eine weitere Stele an der Werkstattwand weist das stilisierte Bild des Eingangsportals der Synagoge auf. Auch der Judenfriedhof, der außerhalb des Fleckens an der Zuwegung zur Seeschleuse lag, erhielt ein entsprechendes Mahnmal.

Kasernen

Die Straßen und Wohnungen, die im Dritten Reich während der „Arbeitsschlacht" gebaut wurden, konnten die wirtschaftlichen Einbußen nicht annähernd wettmachen, die der Stadt durch die Vertreibung und Ermordung der jüdischen Viehhändler entstanden waren. Bis Kriegsbeginn kamen rund 250 neue Wohnungen hinzu, darunter 84 an der Evenburgallee. In ihnen wurden Marineangehörige untergebracht, denn Leer war inzwischen Standort einer Marinegarnison geworden. Von 1936 bis 1938 baute das Reich die Kasernen an der Papenburger Straße, am südöstlichen Stadtrand von Leer.

Um die Verkehrsanbindung der Stadt zu verbessern, verwirklichte der Landkreis Leer zwei wichtige Brücken, die bereits vor dem Ersten Weltkrieg geplant waren; zu Beginn der 1930er Jahre hatte es deshalb in Zusammenhang mit der Vereinigung der Kreise Weener und Leer zu einem Großkreis heftige Diskussionen gegeben: 1934 entstand die Ledabrücke und von 1937 bis 1940 die Emsbrücke bei Leerort. Beiden war jedoch keine lange Lebensdauer bestimmt: Kurz vor Kriegsende, am 21. April 1945 um 18 Uhr, ließ der letzte Stadtkommandant Leers, Fregattenkapitän Frey, die Brücken über die Ems sprengen.

Weil deutsche Truppen die Ems vehement gegen die vom Westen her vordringenden alliierten Truppen verteidigten, starben gegen Kriegsende mehr Menschen in Leer als in Emden, wo viereinhalb Jahre Luftangriffe 316 Opfer forderten: Allein bei dem Bombenhagel auf die Kasernen, der am 19. April 1945 begann, fanden 115 Menschen den Tod. Insgesamt verloren während der NS-Zeit 1419 Leeraner ihr Leben.

Vom 23. bis 28. April beschoss kanadische Artillerie Leer vom jenseitigen Emsufer, und am 25. April flogen zusätzlich Alliierte Tieffliegerangriffe mit Brand- und Sprengbomben. Dabei wurden 137 Häuser total zerstört und 1646 mehr oder weniger beschädigt. 50 Schiffe sanken im Hafen, ein in der Schleuse havarierter Bagger blockierte die Hafenzufahrt bis zum 18. Juli. Am 29. April 1945 eroberte die kanadische Panzerdivision die ostfriesische Stadt. Damit war für Leer das Dritte Reich noch vor der Kapitulation zu Ende. Am 1. Mai berief die britische Militärregierung Regierungsrat Albrecht Graf von Wedel zum Bürgermeister der Stadt.

Blick auf Leer von der Leda-Mündung aus. Links die Jann-Berghaus-Brücke.

Die Jann-Berghaus-Brücke über die Ems lässt auch große Kreuzfahrtschiffe passieren.

Leer wächst zusammen

Nach dem Weltkrieg kamen unter anderem Bingum, Leerort, Logabirum und Nüttermoor mit ihren Sehenswürdigkeiten zum Stadtgebiet hinzu.

Bis zur Währungsreform war ein Großteil der Kriegsschäden in Leer beseitigt, und dann machte die Stadt Leer dort weiter, wo sie kriegsbedingt aufhören musste: Sie dehnte sich in alle Himmelsrichtungen aus, baute neue Wohnungen und siedelte Industrie auf der Nesse an. Dort ließ sich 1950 die Schiffswerft Martin Jansen nieder, und 1957 begann das Olympia-Zweigwerk mit der Produktion von Schreibmaschinen auf der Nesse. Bis zum Jahr 1959 stieg die Zahl der produzierenden Betriebe in Leer von 20 (vor dem Kriege) auf 316.

In der Nachkriegszeit hatte die Schaffung von Wohnraum erste Priorität: Zum einen waren rund 800 Leeraner Haushalte ausgebombt worden, und zum anderen trieb der Flüchtlingsstrom aus den Ostgebieten die Einwohnerzahl in schwindelerregende Höhen: 1950 lebten 20 700 Menschen in Leer – 6500 mehr als 1945. Doch wurden die Flüchtlinge schnell integriert: So bekleidete der Schlesier Horst Milde von 1968 bis 1973 das Amt des Bürgermeisters.

Zunächst brachte die Stadt die Vertriebenen provisorisch in Baracken auf der Nesse unter, in denen während des Krieges Fremdarbeiter gelebt hatten; auch die Haneburg, das Schloss Evenburg in Leer-Loga sowie die Kasernen dienten als Notunterkünfte. Allein der Gemeinnützige Bauverein Leer schuf bis Anfang der 1960er mit 1300 Gebäuden jede fünf-

Regelmäßig ziehen die Neubauten der Meyerwerft an der Stadt vorbei.

te Wohnung in Leer. Heute vermietet die Genossenschaft rund 1580 Wohnungen in Leer, Weener, Ihrhove, Rhauderfehn, Ostrhauderfehn und Filsum. Außerdem sorgten die Niedersächsische Heimstätte und die Neue Heimat für sozialen Wohnraum.

Die Stadt errichtete unter anderem Flachbauten am Wegesende und am Heerenborgweg, baute die zerstörte Hoheellernschule wieder auf und richtete zunächst in den Kasernen eine neue Volksschule für den Osten ein, die Ledaschule. Die ehemalige Harderwykenschule zog Anfang der 1950er unter dem Namen Plytenbergschule in einen neuen Gebäudekomplex an der Ubbo-Emmius-Straße. Die Gebäude, die am Pastorenkamp für die nach dem Krieg entstandene Realschule hochgezogen wurden, waren 1965 fertig, der Neubau des Mädchengymnasiums 1969.

Ab Mitte der 1960er errichtete der Landkreis, an den die Stadt unter anderem die Trägerschaft für die weiterbildenden Schulen und die Müllentsorgung abgegeben hatte, den Gebäudekomplex der Berufsbildenden Schulen (BBS) in der Nähe des Plytenbergs. Die Kommune baute derweil mit finanzieller Unterstützung von Bund und Bundesbahn eine Umgehungsstraße: Von 1954 bis 1956 entstand der erste Bauabschnitt, der von der Ecke Papenburger Straße/Bremer Straße am Julianenpark vorbei über die Eisenbahnlinie hinweg bis zur Heisfelder Straße führt. In den 1960er Jahren wurde die Umgehungsstraße bis zur Emsbrücke in Richtung Groningen verlängert.

Nicht nur beim Straßenbau schlug die Stadt einen großen Bogen, der die Nachbargemeinden mit einschloss: Auch beim Wiederaufbau, bei dem sie als einer der ersten Orte von den Möglichkeiten des niedersächsischen Aufbaugesetzes vom 9. Mai 1949 Gebrauch machte, hatte sie den Großraum Leer im Blick und arbeitete eng mit den Nachbargemeinden Loga und Heisfelde zusammen. Gemeinsam planten und bauten die drei Kommunen das Hallen- und Freibad am Burfehner Weg, das 1967 eingeweiht wurde.

Wenig später wuchs zusammen, was zusammengehört: 1968 wurden Loga und Heisfelde eingemeindet und kurz darauf auch Leerort. Durch die Gebiets- und Verwaltungsreform, die 1972 per Gesetz vom

Die Bingumer Kirche aus dem 13. Jahrhundert.

20. November verordnet wurde, kamen Bingum, Hohegaste, Logabirum, Nettelburg und Nüttermoor hinzu. Damit schnellte die Einwohnerzahl auf den heutigen Stand von 34 000.

Älteste Kirche und Marina Bingum

Zu den Sehenswürdigkeiten, die Leer mit einem Schlag hinzugewann, gehören mehrere Baudenkmäler aus dem Mittelalter, die im Stadtgebiet ansonsten rar sind. So steht in Bingum, auf der Rheiderländer Seite der Ems, die nach der Krypta älteste Kirche von Leer, die im frühen 13. Jahrhundert erbaut wurde. Das kleine Fenster an der Südseite, durch das man auf den Altar sehen kann (ein so genanntes Hagioskop), war für Kranke gedacht. Sie konnten so den Zeremonien beiwohnen, ohne den rechteckigen Saal mit der halbrunden Apsis zu betreten. Auch die ehemaligen Portale an der Nord- und Südseite sind noch heute im Mauerwerk zu erkennen, das 1793 bis zur Hälfte abgetragen und mit einem flachen Dach versehen wurde.

Einzigartig in Ostfriesland ist der gotische Taufstein aus dem beginnenden 14. Jahrhundert, von dem nur noch die achteckige Cuppa erhalten ist. Die durch Kleeblatt-Bögen gegliederten Felder zeigen Szenen aus der Bibel. Die großen Fenster an der Südseite der Matthäuskirche wurden nach der Reformation in die Wand gebrochen; der abseits stehende Glockenturm schließlich entstand 1766.

Auf dem Ziegeleigelände des 1000 Hektar kleinen Ortes wuchs in unmittelbarer Nähe der Ems die Ems-Marina Bingum, ein naturnahes Urlaubsparadies mit Campingplatz, eigenem Badesee, Yachthafen und Bootsliegeplätzen im Seitenarm der Ems.

Klappbrücke und Emstunnel

Auf die andere Seite der Ems nach Bingum führen gleich zwei ungewöhnliche Wege: Wer auf der Autobahn 28 in Richtung Groningen fährt, unterquert den Fluss auf einer Länge von 945 Metern. Der insgesamt 1453 Meter lange und 210 Millionen D-Mark teure Emstunnel wurde am 6. Oktober 1989 für den Verkehr freigegeben. Im selben Jahr war mit dem Neubau der 464 Meter langen Klappbrücke über die Ems begonnen worden, die nach dem Alterspräsidenten der Ostfriesischen Landschaft und Regierungspräsidenten Jann Berghaus (1870–1954) benannt wurde.

Wenn die Brücke geöffnet ist, ragt das insgesamt 63 Meter lange Klappteil 45 Meter hoch in den Himmel; die 40 Meter breite Durchfahrt können auch die Ozeanriesen der Papenburger Meyer Werft problemlos passieren. Damit ist das Leeraner Bauwerk, das am 17. Mai 1991 eingeweiht wurde, das größte seiner Art in Nordeuropa (nur in Spanien gibts ein größeres). Es ersetzt die 1950 eingeweihte Drehbrücke, die lange Zeit als die größte Europas galt. Sie war wiederum anstelle der im Zweiten Weltkrieg zerstörten Emsbrücke geschaffen worden. In der brückenlosen Zeit verband die Emsfähre Bingum mit dem idyllischen Fischerdorf Leerort.

Kirche von Nüttermoor.

Leerort: Erinnerung an die Festung

Heute durchschneidet der Flussdeich das Gelände der zwischen Ems und Leda gelegenen Festung, von der aus jahrhundertelang die heutige Kreisstadt Leer und zeitweise halb Ostfriesland verwaltet wurden. Dort, wo sich einst Burganlagen und eine Garnisonskirche erhoben, stehen heute schlichte Wohnhäuser. An die ursprüngliche Bedeutung von Leerort erinnern noch alte Straßennamen der Siedlung wie „Boomernoort" (obere Festung), „Unnernoort" (untere Festung) und „Unnerriege", wie eine um 1700 errichtete Häuserzeile hieß. Auch überdauerten Reste des Festungswalls, der Langen Lyne, und ein Teich, der von dem Burggraben übriggeblieben ist. Auf dem früheren Burgwall wurde 1851 eine Schule errichtet, die heute für Sitzungen und Ausstellungen genutzt wird. Ein Modell im Leeraner Heimatmuseum sowie eine Schautafel in Leerort, vor der zwei Kanonen stehen, lassen die gewaltigen Ausmaße des verschwundenen Festungskomplexes erahnen.

Der Emspavillon hinter dem Deich, der einst (vermutlich anstelle des ehemaligen Burgkrugs) einen wunderschönen Blick auf Ems und Fährbetrieb gewährte, fiel der Deicherhöhung zum Opfer. Dafür sind die Zeiten endgültig vorbei, in denen bei Sturmfluten das Wasser in den Häusern von Leerort stand oder gar – wie im Februar 1825 – nur noch die Spitzen der Dächer aus den Fluten ragten.

Höchster Turm in Nüttermoor

Auch das Kloster Thedinga, das im Mittelalter nördlich von Nüttermoor lag, existiert seit langem nicht mehr. Ein Teil der Steine ging in der Leeraner Lutherkirche auf, ansonsten sind nur zwei alte Grabplatten übriggeblieben, die einen Bauernhof an der Kloster-Thedinga-Straße zieren. Die eine Grabplatte, die dem 1557 gestorbenen Abt Homerus Beninga

Eine Schautafel und zwei Kanonen erinnern an die Festung Leerort.

gewidmet ist, zeigt einen Mönch mit Krummstab und aufgeschlagener Bibel. Die andere Grabplatte wurde zum Gedenken an Priorin Ette gesetzt, die 1576 das Zeitliche segnete.

Die mittelalterliche Backsteinkirche, die um 1300 auf einer Warft errichtet wurde, lässt an der Nord- und Südseite noch die kleinen Fenster und Portale der Anfangszeit erkennen. Bis 1725 war das Nordtor den Frauen und das Südtor den Männern vorbehalten; im Laufe des 18. Jahrhunderts wurden die Eingänge zugemauert. Auch musste ein neuer Glockenturm gebaut werden, weil der alte eingestürzt war.

Den jahrhundertealten Leeraner Wettstreit um den höchsten Turm entschied der wirtschaftlich bedeutsame neue Leeraner Ortsteil für sich: Seit 1977 überragt der 158 Meter hohe Richtfunkturm in Nüttermoor alle Leeraner Kirch- und sonstigen Türme. Der Energieversorger EWE betreibt seit 1975 Erdgaskavernen im Nüttermoorer Hammrich, und in der Nähe der Autobahn-Abfahrt Leer-Nord liegt neben dem Emspark und dem Industriegebiet Nord der Leeraner Flugplatz, der mitsamt Casino vom Aero-Club Nüttermoor betreut wird. Er bietet neben Rundflügen unter anderem gewerbliche Charterflüge zu den Ostfriesischen Inseln an.

Logabirum: Die letzte Mühle und ein Zoo

Über die Autobahn-Abfahrt Leer-Ost erreicht man den Ortsteil Logabirum. Dort steht die letzte von dereinst 14 Windmühlen im Stadtgebiet. Der Emder Mühlenbauer Johann Dirks erbaute sie 1895 im Auftrag des Windmüllers Jan Gerards Eiklenborg, der den Wind sowohl für das Getreidemahlwerk als auch für die Horizontal-Gattersäge brauchte; 1938 schaffte sich die Familie einen Elektromotor an. 1995 wurde ein Förderverein gegründet, der den Galerieholländer bis 2001 vollständig überholte und die Sägerei wieder auf Windkraft umstellte.

Die voll funktionstüchtige Mühle, die direkt an der Deutschen Fehnroute liegt, ist heute vornehmlich eine Touristenattraktion – nicht zuletzt weil dort eines der letzten Storchenpaare des Landkreises Leer brütet. Auf Wunsch führt Müller Jan Eiklenborg durch den Galerieholländer. Außerdem können Gruppen von bis zu 30 Personen in der nostalgischen Umgebung Tee mit Krinthstuut genießen und auf dem Mühlenboden übernachten. Ganz in der Nähe tummeln sich die Freiland-Schweine des Landwirts Johannes Erchinger.

Flugplatz in Nüttermoor.

Der Galerieholländer in Logabirum.

Jahrzehntelang dachten Kinder an den Waldzoopark „Onkel Heini", wenn sie den Ortsnamen „Logabirum" hörten. 1906 hatte Heinrich Hasselmann die Schenke „Waldkur" im Logabirumer Forst gekauft, aus der sich allmählich ein Zoo mit einem Vergnügungspark entwickelte. Den Grundstock bildete ein Rhesusaffe, mit dem ein Matrose sein Bier bezahlte. Hasselmanns Sohn Friedrich, der den Betrieb nach dem Tode seines Vaters 1931 übernahm, schaffte auch Bären, Löwen und Elefanten an. In der dritten Generation baute Heinz-Dieter Hasselmann die Gastronomie aus; er starb 1973 mit 41 Jahren. Unter dem Namen „Onkel Heini" werden heute ein Café nebst Restaurant sowie der Tanzpalast „Karussell" betrieben.

Neue Orgeln aus Loga in alten Kirchen

Auch in Loga und Logabirum haben Kirchen aus dem Mittelalter überdauert: So wurde der rechteckig geschlossene Einraum der Kirche von Logabirum, der früher vermutlich überwölbt war, um 1300 aus Klosterformatsteinen und Muschelkalk errichtet. Aus dem 14. Jahrhundert stammen die Weihekreuze des Bischofs von Münster, die 1954 bei Renovierungsarbeiten an der Nordwand und dem Kanzelaufgang freigelegt wurden.

1439 hieß Logabirum urkundlich „Longheheerne". Damals gehörte es politisch zum Moormerland, das dem Bistum Münster unterstand; es wurde nach der Reformation lutherisch. In der Geschichte Leers spielt das Gotteshaus eine ähnliche Rolle für die Lutheraner wie die Große Kirche in Emden, die von den reformierten Flüchtlingen aus den Niederlanden „Moederkerk" genannt wurde: Von 1639 bis zum Bau der Lutherkirche in Leer pilgerten rund 100 Lutheraner aus Leer fünf Kilometer weit zum lutherischen Gottesdienst nach Logabirum. Zum Dank schenkten sie der 200-Seelen-Gemeinde eine Kanzel mit den vier Aposteln und ließen die Westempore bauen, die mit den Wappen der gräflichen Familie von Wedel geschmückt ist.

1812 wurde das Kirchenschiff um 1,75 Meter erhöht. 1879 ließ Carl Georg Graf von Wedel den freistehenden Glockenturm auf dem Friedhof abreißen und durch einen neugotischen Neubau ersetzen; er wurde 1945, als Leer und Loga unter Artilleriebeschuss standen, durch die Explosion einer Granate schwer beschädigt. Den nur noch rund 30 Meter hohen Turm umgibt seit 1976 ein stützendes Mauerwerk.

Die fünfte und damit letzte Orgel entstand nicht weit entfernt in dem 1955 gegründeten Werkstatt-Komplex des weltberühmten Orgelbauers Jürgen Ahrend in Leer-Loga, dessen Werke unter anderem in Australien, Japan und den USA stehen. Damit

Die Reformierte Kirche in Loga.

begann in Loga die Renaissance der alten Orgelbaukunst, durch die Ostfriesland und seine historischen Orgeln weltweit in den Mittelpunkt der Alten Musik rückten.

In 50 Jahren schuf oder restaurierte Jürgen Ahrend über 160 Orgeln, darunter die bedeutenden Arp-Schnitger-Orgeln in Hamburg und Norden. 2005 übernahm sein Sohn Hendrik den Meisterbetrieb. Der Orgelneubau in Logabirum, der die 1951 installierte Orgel aus der Werkstatt von Alfred Führer 1998 ablöste, orientiert sich am Erstling von 1725; Fassade und Prospektpfeifen der Barockorgel haben in Cleverns bei Jever überdauert. Aus der Anfangszeit, als Ahrend die Werkstatt noch zusammen mit dem inzwischen verstorbenen Gerhard Brunzema betrieb, stammt auch die Orgel der reformierten Kirche in Loga, die über neun Register und insgesamt 534 Pfeifen verfügt. Sie war 1969 von sechs Orgelbauern geschaffen und in dem Gotteshaus gegenüber der Evenburg installiert worden, das vermutlich Ende des 13. Jahrhunderts erbaut wurde. Typisch romanisch ist das dicke Mauerwerk aus wuchtigen Handstrichsteinen im Klosterformat; die schmalen, hoch angesetzten Fenster des Langhauses wurden in der Gotik durch größere im Stil der neuen Zeit ersetzt, wahrscheinlich 1427: Diese (auf dem Kopf stehende) Jahreszahl ist in einen Ziegelstein eingeritzt, der über der zugemauerten Prozessionstür an der Nordseite eingesetzt wurde – vermutlich nach Abschluss der Umbau- und Erweiterungsarbeiten. Durch den Anbau eines gotischen Chorraums mit 5/8-Schluss und Rippengewölbe wurde das Kirchenschiff nach Osten um 5,50 Meter verlängert. Den bronzenen Kronleuchter über dem Abendmahlstisch stifteten

Aiet Haikens und Mena Tammena 1690. Darauf weist eine umlaufende Inschrift auf dem prächtigen Knauf mit dem doppelten Löwenkopf hin. Eine Stiftung ist auch die schlanke, reich geschmückte Rokoko-Kanzel, die 1788 von Yochim Caspers Heshemius geschnitzt wurde.

Weniger passend waren die Neuerungen im 19. Jahrhundert: So verschwand die aus Eichenbalken gezimmerte Decke unter einem himmelblauen Tonnengewölbe. Weil die neue Decke für die Orgelpfeifen zu kurz war, schnitt man kurzerhand Löcher hinein. Auch der Taufstein aus gelblichem Bentheimer Sandstein, der noch aus der Romanik stammt, entsprach nicht mehr dem Zeitgeschmack. Er wurde durch ein kleineres Exemplar ersetzt. Das halbkugelartige Becken von zirka 70 Zentimetern benutzte fortan ein Schmied aus Loga als Kühlkessel. Nach dem Zweiten Weltkrieg kehrte die romanische Taufe in die Kirche zurück, und um 1960 wurde die ursprüngliche Holzdecke wieder freigelegt.

Nur der eigentümliche, sich nach oben verjüngende achteckige Glockenturm aus dem 19. Jahrhundert ist geblieben. Er wurde 1839 für den baufällig gewordenen freistehenden Turm an der Westseite der Kirche nach dem Vorbild der Großen reformierten Kirche in Leer errichtet. Seit die marode gewordene Rundkuppel durch ein Spitzdach ersetzt wurde, erinnert er eher an ein Minarett. Noch heute schwärmen alte Leeraner von dem wunderbaren vierstimmigen Geläut, das die zwei Glocken im Einklang mit denen der lutherischen Kirche erzeugten. Sie fielen den Weltkriegen zum Opfer. 1920 wurde die kleine, 1958 die große Glocke ersetzt.

Im Grabkeller unter dem Chor fanden Mitglieder der Grafen-Familie von Wedel sowie verdiente Prediger des Kirchspiels ihre letzte Ruhe. Ein Teil der erhaltenen Grabplatten steht heute im Turm der Kirche. Zum Gedenken an den Freiherrn Erhard von Ehrentreuter, mit dem die Geschichte der Grafenfamilie von Wedel in Loga beginnt, wurde eine schwarze Marmorplatte an der Südwand der Kirche angebracht. An der Seite des Freiherrn wurden unter anderem seine Tochter Maria und sein Urenkel Gustav Philipp Freiherr von Wedel nebst Ehefrau bestattet, deren Epitaphien die Kirche schmücken.

Außen- und Innenansicht der Kirche in Logabirum.

Winterimpression der Evenburg in Leer-Loga.

Neuschwanstein in Loga

Mit der Herrlichkeit Loga wurde Leer um einen kleinen, aber ganz besonders feinen Ortsteil bereichert: Loga hat nur 2500 Einwohner, dafür aber zwei Schlösser – Evenburg und Philippsburg – und drei Parks. Diese Kuriosität ist letztlich auf die Spielsucht des Landesherrn Graf Ulrich II. zurückzuführen, der gegen den Kommandanten der niederländischen Garnison in Emden, Oberst Erhard von Ehrentreuter (13. August 1596 bis 31. Dezember 1664), verloren hatte.

Weil er seine Spielschulden nicht bezahlen konnte, belehnte er den Edelmann aus Franken 1642 mit Loga und Logabirum; 1653 verlieh Kaiser Ferdinand III. dem tüchtigen Glückspilz zudem den Titel eines Reichsfreiherrn. Die Straße „Am Kaak" (Am Pranger) erinnert heute noch daran, dass die Herren von Loga die niedere Gerichtsbarkeit besaßen.

Um 1650 errichtete Ehrentreuter ein von zwei Grabensystemen umgebenes Schloss in Loga nahe der Leda, das er „Evenburg" nannte – nach seiner geliebten Ehefrau Eva von Ungnad, die er am Hofe des Grafen Ulrich kennen gelernt hatte. Die jüngste Tochter Maria erbte das ursprünglich 20 Meter lange und 13 Meter breite zweigeschossige Bauwerk, das im Stil des klassizistischen Barocks mit hoch aufstrebenden Pilastern gegliedert war – wie die Waage und das Amtsgericht.

Durch Heirat geriet das Anwesen 1665 an den Offizier Gustav Wilhelm von Wedel (1641–1717), der mit dem Truppencorps des Bischofs von Galen nach Ostfriesland gekommen war. Als dänischer Feldmarschall war er zugleich Gouverneur der Grafschaft Oldenburg, die damals zu Dänemark gehörte. Er selbst erwarb den Grafentitel mit der norwegischen Herrschaft Jarlsberg bei Oslo, die 1684 zur Grafschaft erhoben wurde. Zudem erhielt er den Elefantenorden, die höchste dänische Auszeichnung. Er hat ihn in der Vorburg verewigt, die vermutlich 1650 von Ehrentreuter erbaut wurde: Eine Kette aus Elefanten und Wachtürmen umgibt das Wedelsche Wappen auf der Außenseite der Vorburg, die von einem Dachreiter mit Glocke gekrönt wird. Den Sandsteingiebel, der von gemauerten Pilastern getragen wird, zieren kriegerische Attribute wie Kanonen, Hellebarden und Fahnen, die für das Leben des Feldmarschalls von Bedeutung waren. Vermutlich ließ der neue Schlossherr den Torbogen 1703 in die barocke Vorburg brechen – darauf könnte die Jahreszahl im Giebel hinweisen.

Auf der Gartenseite prangt die Jahreszahl „1650" über dem Eingang zum heutigen Café. Den barocken Torgiebel zum Garten hin, den drei steinerne Prunkvasen schmücken, ziert das Wappen der Familie von Ehrentreuter. Sie hat vermutlich zusammen mit dem Schloss und der Vorburg einen Barockgarten um die Evenburg angelegt, der nicht für die Öffentlichkeit zugänglich war. Ein barockes Tor schottete die einst tausend Meter lange, von vier Baumreihen gesäumte Evenburg-Allee ab, die zu

Links: Seit 2007 erstrahlt die Evenburg in neuem Glanz. Rechts: Kolorierte Postkarte mit der ursprünglichen Ansicht von Osten.

Die Philippsburg.

dem Schloss führt. Wedels zweitältester Sohn Erhard Friedrich (1668–1740) widmete sich der Gestaltung und Pflege des Parks mit besonderer Hingabe. Er vererbte die Evenburg an seinen zweitältesten Sohn Anton Franz (1707–1788), der sich als Assessor des adeligen Hofgerichts zu Aurich sowie Kammerherr und Geheimer Kriegsrat des Königs von Preußen einen Namen machte. Anton Franz wurde 1776 in den preußischen Grafenstand erhoben; dieser Titel wird bis auf den heutigen Tag weitervererbt.

Philippsburg

Durch Erbschaft kam zudem die Herrlichkeit Gödens in den Besitz der Familie von Wedel, die bis zum Beginn des Zweiten Weltkriegs Ostfrieslands größter Grundbesitzer war. Sie bestimmte zehn Generationen lang die Entwicklung der Herrlichkeit Loga und Logabirum. Erhards Sohn Gustav Philipp Freiherr von Wedel erbaute 1730 die Philippsburg an der Hohen Loga, eine ursprünglich eingeschossige Anlage; die Freitreppe wird von zwei steinernen Löwen flankiert.

Doch konnte er sein schmuckes Heim, das an ein niederländisches Palais erinnerte, nicht lange mit seiner jungen Frau, der Freiin Magdalena von Closter zu Dornum, genießen: Er starb bereits mit 31 Jahren. 1906 stockte Botho von Wedel die Philippsburg um eine Etage auf und baute einen Seitenflügel an. Heute lebt darin sein Enkel, Werner Graf von der Schulenburg, mit Ehefrau Dorothea.

Zu den Ländereien der Familie von Wedel gehörte auch der Wald von Logabirum. Carl Georg Graf von Wedel (1827–1898), ein Neffe des kinderlos verstorbenen Schlossbesitzers Carl Erhard Leopold, der die Herrlichkeit Loga 1860 übernahm, vergrößerte den Wald erheblich und pflanzte den Carl-Georgs-Forst in der Nähe von Friedeburg. Vor allem schuf der ehemalige Kammerherr des Königs von Hannover ein einzigartiges neugotisches Ensemble in Loga, dessen Mittelpunkt die Evenburg wurde.

Der Hannoveraner Architekt Rudolf Stüve, ein Vertreter der mit dem Bauhaus vergleichbaren Hannoveraner Schule, hatte gravierende Baumängel bei der Evenburg festgestellt, und so ließ Carl Georg auf seinen Rat hin den niederländisch-barocken Bau abreißen. Von 1860 bis 1862 entstand an seiner Stelle nach Stüves Plänen ein reich verziertes Herrenhaus im neugotischen Stil mit Zinnen, Staffelgiebeln, Türmchen und Dachgeländer, wobei die kleinen gelben holländischen Klinker des Vorgängerbaus wiederverwendet wurden. Anschließend ließ von Wedel den nach Ansicht der Kritiker überladenen Bau verputzen. Aus dem einfachen edlen Barock schloss wurde so ein ostfriesisches Neuschwanstein.

Gleichzeitig passte der Graf den Meierhof, wie der Bewirtschaftungshof des Schlosses genannt wird, an den neugotischen Stil an. Zu dem Ensemble in Loga gehören weiter ein Kindergarten – der erste im

Nordwesten –, den Carl Georg 1895 als „Warteschule“ gründete, sowie die lutherische Friedenskirche in Loga nebst einem 45 Meter hohen Glockenturm im Westen. Graf von Wedel ließ sie bauen, nachdem er sich von der reformierten Gemeinde abgewendet hatte. Der Leeraner Bauunternehmer Carl Lehmann schuf das neugotische Gotteshaus 1890/91 nach Entwürfen des Hannoveraner Architekten Ferdinand Schorbach; es wurde am 24. Juni 1891 in einem feierlichen Gottesdienst eingeweiht.

Carl Georg benannte das neue Gotteshaus nach seiner 1881 verstorbenen Ehefrau Frieda Freiin von Wangenheim, die er 1859 in Thüringen geheiratet hatte; sie war die Mutter seiner beiden Söhne Georg Erhard und Botho. In ihrem Todesjahr schenkte er der reformierten Kirchengemeinde Loga zwei Morgen Land im Möörken zur Anlage eines Friedhofs, auf dem seitdem auch die Angehörigen der Logaer Grafenfamilie beigesetzt werden; Carl Georg selbst ruht in Gödens. Als 1885 sechs seiner Vorfahren in der Gruft der Oldenburger Lambertikirche entdeckt worden waren, ließ er die prächtigen Sandsteinsarkophage mit ihren sterblichen Überresten nach Loga überführen und in einem Mausoleum beisetzen, das er eigens auf dem Friedhof im Möörken geschaffen hatte. Dort ruhen jetzt unter einer kleinen neugotischen Kapelle, die 1887 eingeweiht wurde, der dänische Feldmarschall Gustav Wilhelm von Wedel sowie seine Söhne Georg Ernst und Erhard Freiherr von Wedel, deren Ehefrauen und der nach seinem Vater benannte Enkel Georg Ernst Freiherr von Wedel-Jarlsberg. Die Kirchengemeinde errichtete später eine größere Friedhofskapelle in der Nähe.

Friedenskirche in Loga, Außen- und Innenansicht.

Das Leda-Sperrwerk.

Fußball im Julianenpark

Obergärtner Wilhelm Ohle legte 1889 den Julianenpark zu Ehren von Carl Georgs Schwiegertochter Julia an, so dass die Herrlichkeit Loga mit den Parks der Schlösser Evenburg und Philippsburg, dem Julianenpark und Möörken zu einer einzigen großen Parklandschaft verschmolz. In dieser Zeit kaufte sogar die Königliche Gärtnerei aus Hannover in Loga ein, wo im Garten und in den Gewächshäusern bei der Evenburg unter anderem Esskastanien, Bananenstauden, Feigen, Ananas und Spargel gediehen. Der barocke Schlosspark der Evenburg war (vermutlich sogar schon um 1770) in einen für die Öffentlichkeit zugänglichen Englischen Garten mit Wasserläufen, Brücken, alten Bäumen, einer Grotte und einem Wasserfall verwandelt worden. Nach englischem Vorbild lockerte der Graf die Weite des Logaer Westerhammrichs mit kleinen Baumgruppen (Clums) auf.

Georg Erhard von Wedel (1861–1931), der die Evenburg nach dem Tode seines Vaters übernahm, war Landrat des Landkreises Leer (um 1900) sowie Landschaftsrat, Mitglied des Herrenhauses bis 1918 und Präsident der Synode der evangelisch-lutherischen Landeskirche Hannover, wofür er die Ehrendoktorwürde der Theologie erhielt. Er verkaufte den nach seiner Frau Julia Freiin von dem Bussche-Ippenburg benannten Julianenpark 1931 an die Stadt Leer, um die Spielschulden eines Familienmitglieds zu begleichen. Von 1916 bis zu diesem Zeitpunkt hatte er dem 1915 neu gegründeten Verein für Leibesübungen (VfL) Germania Leer kostenlos einen Fußballplatz im Park zur Verfügung gestellt; allerdings durfte nur außerhalb der Kirchzeit gekickt werden. Aus Dankbarkeit übernahm der Sportverein die Farben Blau und Gelb, die im Wedelschen Familienwappen enthalten sind. Als der Graf 1931 starb, verlegten seine Nachkommen den Familiensitz nach Schloss Gödens.

Mit der Evenburg und den Parkanlagen ging es seitdem bergab: 1939 ließen die Nationalsozialisten das Schloss „entgotisieren": In ihrem Auftrag wurden die neugotischen Stufengiebel beseitigt. Im Zweiten Weltkrieg geriet das Schloss, das als Lazarett diente, unter Beschuss. Soldaten plünderten die Evenburg, demolierten die Einrichtung und warfen die Möbel in den Burggraben.

Nach dem Krieg wohnten rund 300 Flüchtlinge im Schloss, der Meierei und sogar im Spielhaus im Park, das der Graf für seine Kinder errichten ließ. 1953 verschwanden auch die letzten Türmchen und der völlig intakte Mittelturm. In diesem Jahr schloss Burchard Graf von Wedel einen Pachtvertrag mit dem Verein Ostfriesischer Stammviehzüchter (VOSt) und der Landwirtschaftskammer in Leer ab, die eine Melkerschule im Schloss einrichteten. Die verwahrlosten Parks wurden zum Teil mit Siedlungen überbaut. Auch ließ der Landkreis, der die Evenburg 1975 gekauft hatte, das Spielhaus und die alten Gewächshäuser abbrechen.

Für den Erhalt des neugotischen Ensembles engagiert sich seit 1995 eine Bürgerinitiative, die Schutzgemeinschaft Evenburg-Park/Westerhammrich, die 1998 in einen Verein mit inzwischen 250 Mitgliedern verwandelt wurde. Sie erreichte es, dass die Zerstörung der Parklandschaft gestoppt und der Englische Garten wenigstens teilweise wieder hergestellt wurde. Seit 2005 gibt der Landkreis dem ostfriesischen Neuschwanstein, das über viele Jahre Sitz der 1995 gegründeten Berufsakademie Ost-Friesland (BAO) war und zukünftig als kultureller Veranstaltungs- und Lernort genutzt werden soll, seine neugotischen Giebel und Türmchen zurück. Auch der Treppenaufgang und der Hindenburg-Saal, in dem Graf von Wedel 1927 den Reichspräsidenten von Hindenburg empfing, erstrahlen wieder in dem verschwenderischen Glanz von 1880.

Von jeher ist Loga ein beliebtes Ziel für Ausflügler, die im Park der Evenburg lustwandeln und/oder im Schlosscafé Tee und Kuchen genießen wollen. Auf romantischen Wegen gelangen sie zur Leda, wo einst die Boote der gräflichen Familie in einem kleinen Hafen lagen. Das ehemalige Müllerhaus an der Fährstraße beim Deich ist heute eine kleine Galerie; von der Mühle selbst existiert nur noch ein Mahlstein im Park, bei dem sich verliebte Paare treffen. Auch die Logaer Fähre ist längst Geschichte.

Die letzte Fähre

Aber in der Nähe erklingt heute noch der alte Ruf „Fährmann, haal över“, wenn auch nur in der Zeit vom 1. Mai bis zum 30. September: In Wiltshausen, am Zusammenfluss von Leda und Jümme, betreibt der 500 Mitglieder starke „Verein zur Förderung der Erhaltung der historischen Pünte in Wiltshausen als Denkmal auf dem Wasser“ seit 1975 die letzte Fähre, eine in den 1920ern gebaute Pünte. Sie wird von starken Fährmännern an einem Stahlseil über die Jümme gezogen.

Seit 1562 bringt die Logaer Fähre Menschen, Vieh und Fahrzeuge sicher von Wiltshausen nach Amdorf und zurück. Über den Fluss führte an dieser Stelle einst der Handelsweg von Münster nach Emden. Heute befördern die Fährmänner vornehmlich Radfahrer, aber auch Autos und Motorräder von einem Ufer zum anderen. Die Gaststätte „Zur Jümmefähre“, von der aus der Fährbetrieb beobachtet werden kann, ist auch außerhalb der Saison geöffnet.

Leda-Sperrwerk

Unweit von Loga, in der Nähe der Ledabrücke, über der die Papenburger Straße verläuft, erhebt sich seit 1954 ein Bollwerk gegen die Emsfluten: das Leda-Sperrwerk. Es liegt vier Kilometer oberhalb der Ems in einem Durchstich, der einen scharf nach Süden ausschwingenden Bogen der Leda abschneidet. Im Sturmflutfall werden die fünf Öffnungen, die jeweils eine lichte Weite von 14 Metern haben, mit 55 Tonnen schweren Hubtoren aus Stahl verschlossen. Auf diese Weise schützt das imposante Tidesperrwerk ein 35 000 Hektar großes Areal in der Niederung von Leda und Jümme vor Überflutungen. Seit 2001 steht ihm das Leda-Schöpfwerk zur Seite, das eine Pumpleistung von 40 Kubikmetern pro Sekunde hat. Es wurde in Zusammenhang mit dem Emssperrwerk gebaut und soll in erster Linie helfen, die Ems bei Überführungen von Ozeanriesen der Papenburger Meyer Werft schneller aufzustauen. Der Pumpenbetrieb wird vom Leda-Sperrwerk aus gesteuert.

Die Pünte bei Wiltshausen.

HAMBURG

Die Leeraner Reeder sind auf der Nesse zu Hause.

UNSERER STADT IN ALLE ERDTEILE

Die Zukunft liegt im Hafen

Die Leeraner Reeder sind auf der Nesse gegenüber von der Waage zu Hause. Am ehemaligen Handelshafen ist Wohnen am Wasser angesagt. Die Zeit der Tristesse ist endgültig vorbei. Von der Waage aus fällt der Blick im Jahre 2005 nicht mehr auf heruntergekommene Baracken, die an den Niedergang der Heringsfischerei 1969, das Aus für die Olympia-Werke in den 1970ern und den Rückzug von Libby's Milch Ende des vergangenen Jahrtausends erinnern. Seit 2001 erhebt sich auf der anderen Seite der Leda eine beeindruckende Skyline von modernen Speicherhäusern der Prahm-Holding. Sie tragen in großen Lettern die Namen der großen Seeschiffhäfen der Welt: Hamburg, Santos, New York, Auckland, Tallinn, Durban und Singapore.

Das neue Selbstbewusstsein der Leeraner demonstriert auch die Weltkugel-Skulptur, die sich vor den schmucken Gebäuden der Leeraner Reeder erhebt. „Schiffe aus Leer auf allen Weltmeeren", besagt ein umlaufendes Spruchband. „Sie tragen den Namen unserer Stadt in alle Erdteile." Mehr als 100 Schiffe sind es 2011 gewesen: große Containerschiffe, Gastanker, Spezialschiffe für Schwertransporte und Forschungsschiffe. Weitere 70 Neubauten sind geordert.

18 Reedereien und eine Reederei-Holding haben derzeit ihren Sitz in Leer, Tendenz steigend. Damit ist die ostfriesische Kleinstadt der zweitgrößte Reederei-Standort nach Hamburg. Die Reederei Buss – ein Familienbetrieb, der bereits in der siebten Generation im Schifffahrtsbereich tätig ist – zog als erstes Unternehmen 1997 in einen modernen Neubau auf der Nesse ein. Die Buss-Gruppe wird von erfahrenen Kapitänen geführt, allen voran der Reeder Hermann Buss und dessen Sohn Hartwig. Derzeit bereedert das Unternehmen 60 Schiffe; weitere 25 Neubauten wurden in Auftrag gegeben. Seit 2004 existiert ein weiteres Bürogebäude auf der anderen Seite des Handelshafens, in dem zwei Sprösslinge der Buss-Gruppe tätig sind: die GB Shipping & Chartering GmbH als Befrachtungsunternehmen sowie die Nordkontor AG als Emissionshaus.

Vom Beginn des Reederei-Booms vor einem Vierteljahrhundert kündet das imposante „Haus der Schiffahrt" als Sitz der Hartmann Reederei, das seit 1985 die Königstraße beherrscht. Seit 2002 fungiert die Atlas AG als Holdinggesellschaft der Reedereigruppe Hartmann. Kapitän Alfred Hartmann, der sich 1981 mit einem Küstenmotorschiff als Reeder selbstständig gemacht hatte, besitzt inzwischen die größte Gastankerflotte Europas und ist einer der größten Auftraggeber der deutschen Werften: Allein 2004/2005 gab die Reederei elf große Containerschiffe in Auftrag, zwei bei den Emder Nordseewerken und neun bei der Aker MTW-Werft in Wismar. Dort entstand auch die „Frisia Loga", ein Vollcontainerschiff mit Doppelhülle; es wurde nach dem mitgliederstärksten Sportverein im Landkreis Leer benannt, der 2005 sein 75-jähriges Bestehen feierte.

Links: Die Weltkugel-Skulptur.
Rechts: Stapellauf bei Ferus Smit.

Ein Ausflugsschiff vor den Leeraner Speicherhäusern.

Nahezu jährlich wird die Flotte ergänzt, etwa 2011 durch den Gastanker „Gaschem Werra", der 6500 Kubikmeter laden kann.

Zu den herausragenden Reeder-Persönlichkeiten in Leer gehört zudem der Kapitän Roelf Briese, wie die meisten der Leeraner Reeder Absolvent der Seefahrtschule Leer. Er gründete 1983 die Briese Schifffahrts GmbH & Co. KG in Leer, die zusammen mit der Leda Shipping GmbH mittlerweile über 80 Seeschiffe betreut, vornehmlich kleinere bis mittlere Mehrzweckschiffe. Dabei arbeitet der gebürtige Ditzumer eng mit der auf Schiffsbeteiligungen spezialisierten Oltmann Gruppe zusammen, die der inzwischen verstorbene Leeraner Anlageberater Jan Luiken Oltmann 1986 ins Leben gerufen hat.

Die Leeraner sind Marktführer beim erfolgreichen Wiederverkauf von Schiffsbeteiligungen: Kein anderes Emissionshaus schaffte bislang die Rekordmarke von 100. Das Jubiläumsschiff Nummer 100, das die Oltmann Gruppe 2005 mit einer Rendite von 20,15 Prozent nach Steuern verkaufte, ist die „Sagitta J" der Reederei Jüngerhans aus Haren. Außerdem blickte die Oltmann Gruppe Ende des Jahres 2011 auf 190 erfolgreich platzierte Schiffsbeteiligungsangebote zurück.

Die Briese-Gruppe wächst wie ihre Verwaltungsgebäude an der Hafenstraße: Zusammen mit dem Tochterunternehmen BBC Chartering & Logistic GmbH & Co. KG entwickelte sich die Reederei zum größten Transporteur von Projektladungen weltweit. 2001 gründete das Leeraner Unternehmen die Offshore Wind Technology (OWT) zusammen mit Bohlen & Doyen in Wiesmoor, EWE in Oldenburg und dem Planungsbüro Prokon Nord in Leer-Loga, das den bundesweit ersten Offshore-Windpark Borkum-West in der Nordsee baut.

Auf der Nesse hat die Zukunft längst begonnen. Im Umfeld der Reedereien haben sich alle möglichen Unternehmen angesiedelt, die in irgendeiner Form mit maritimer Wirtschaft zu tun haben: unter anderem Befrachtungskontore, Schiffsausrüster, Software-Entwickler und Steuerberater. Der Leeraner Wirtschaft steht die 1869 gegründete ostfriesische Volksbank an der Mühlenstraße zur Seite; die älteste Genossenschaftsbank im ostfriesisch-emsländischen Raum hat sich zu einem kompetenten Partner für die Unternehmen der Binnen- und Seeschifffahrt entwickelt.

Ausbildungsschiffe

Das Gros der Seeschiffe, die von Leer aus bereedert werden, erreicht den Heimathafen nie. Dafür liegt ein schwarzes Schiff dauerhaft vor den Reedereigebäuden. Seit 1998 nämlich hat gegenüber von der Waage der schwarze Tonnenleger „Norden" seinen Platz, der nun den Namen „Aurora" trägt – wie das erste Segelschiff, das von Leer aus mit Fracht nach Amerika segelte. Auf Fahrten mit dem Ausbildungsschiff lernen angehende Nautiker und Reederei-

Der Industriehafen.

Logistiker der 1854 in Leer gegründeten Seefahrtschule die Praxis kennen.

Die „Aurora“ wird zum großen Teil vom Förderkreis Seefahrtschule finanziert, der vornehmlich aus Reedern besteht. Ihnen liegt sehr viel am Erhalt des Instituts für Seefahrt an der Fachhochschule Oldenburg-Ostfriesland-Wilhelmshaven mit den Diplom-Ingenieur-Studiengängen Reedereilogistik und Seeverkehr/Nautik, weil es bundesweit an Offizieren und Kapitänen mangelt. Dabei kennt Professor Roelf Briese die Seefahrtschule an der Bergmannstraße wie kein zweiter: Er bildete 22 Jahre lang den nautischen Nachwuchs aus.

Ein weiteres schwimmendes Internat, die „Emsstrom“, wurde nach England verkauft und havarierte Anfang 2013.

Den Blick zurück lenkt ein ungewöhnliches Denkmal vor dem Reedereikomplex: Eine Schiffbau-Schere und eine Stanze erinnern an die ehemalige Jansen-Werft, die sich 1950 auf dem Gelände einer Abwrackwerft angesiedelt hatte. Sie musste 1988 wegen eines finanziellen Engpasses ihre Pforten für immer schließen, wobei 460 Mitarbeiter arbeitslos wurden. Unter anderem hatte sich die Werft, die 1927 von Martin Jansen in Westrhauderfehn gegründet worden war, durch die Entwicklung und den Bau von Forschungsschiffen einen Namen gemacht.

Seit 1995 baut die niederländische Ferus Smit Werft Containerschiffe auf dem ehemaligen Jansen-Gelände. Auch unterhalten Bohlen & Doyen sowie die Wasserschutzpolizei Leer, die für Leda, Ems und Jümme zuständig ist, jeweils eine eigene Reparaturwerft am Hafen.

Industriehafen

Insgesamt gruppieren sich rund 20 Betriebe um den kommunalen Industriehafen, der von den Leeraner Stadtwerken betrieben wird. Sie verfügen gar über eine eigene Hafenbahn mit einem sieben Kilo-

Erinnerung an die ehemalige Jansen-Werft: alte Schiffbau-Schere und Stanze.

meter langen Schienennetz auf der Nesse, das den ansässigen Firmen den problemlosen Umschlag vom Schiff auf die Bahn und umgekehrt ermöglicht. Beim Polizeigebäude an der Georgstraße hat es Anschluss an das Netz der Deutschen Bahn.

Zu den ältesten Hafenbetrieben gehört das 1759 gegründete Familienunternehmen J. H. Garrels Lud. Sohn GmbH, besser als „Holz Garrels" bekannt, das 1898 an die Sägemühlenstraße zog. Das Hobel- und Sägewerk W. C. Janssen daneben wurde 1925 von Wilhelm Cassens Janssen aus der Taufe gehoben.

Nicht nur von ihrer Größe her überragend ist die Ölmühle Connemann, eine der modernsten in Europa. Sie liegt seit 1986 an der Sägemühlenstraße, in der Nähe der Dachziegelwerke Nelskamp. Das Unternehmen, das sich seit 1750 mit nachwachsenden Rohstoffen wie Öl, Schrot und Flachs beschäftigt, baute 1887 die erste deutsche Ölsaaten-Extraktions-Anlage sowie 1995 die erste industrielle Biodiesel-Anlage der Welt. Das weltweit patentierte CD-Verfahren entwickelte der Leeraner Dr.-Ing. Joosten Connemann mit seinem Team im Rahmen des amerikanischen Unternehmens ADM, zu dem die ADM Oelmühle Leer Connemann GmbH & Co. KG inzwischen gehört. Zurzeit werden 650 000 Jahrestonnen Biodiesel aus Raps in Leer, Hamburg, Magdeburg und Bratislava gewonnen; die Anlagen für eine weitere Million Tonnen sind weltweit im Bau.

Im Hause Connemann entstand auch das genial einfache Wäschetransportsystem „Wickelsack" für Krankenhäuser, das von der 1954 gegründeten Tochterfirma Hammerlit GmbH produziert und vertrieben wird. Unter Führung von Dr.-Ing. Markus Connemann steht Hammerlit heute mit mehreren Tochtergesellschaften in Europa den großen Kliniken als Partner in allen Versorgungsbereichen zur Seite – vom Medicalprodukt bis zum Sterilgut. Auch in der Informationstechnologie hat der Name Connemann einen hervorragenden Klang: Seit 1990 entwickelt die connedata GmbH, zu deren Gründern Wolfgang Lentke, Joosten Connemann und sein Sohn Markus gehören, maßgeschneiderte Software, unter anderem für Reedereien und Recyclingwirtschaft.

Das erfolgreichste Leeraner Unternehmen auf diesem Sektor, die 1954 gegründete Interseroh Evert Heeren, lässt sich schon von weitem an den Schrott-

Stahlschrott wird von der Firma Evert Heeren recycelt.

Die „Serenade of the Seas" passiert die Ems.

bergen am anderen Ende der Sägemühlenstraße erkennen. Alljährlich werden in den Aufbereitungsanlagen von Heeren rund 180 000 Tonnen Stahlschrott verarbeitet und weltweit vermarktet.

Sowohl Heeren als auch Connemann erhalten ihre Rohstoffe auf dem Wasserwege und tragen damit wesentlich zum Hafenumschlag in Leer bei, der sich von rund 200 000 Tonnen im Jahre 1900 auf 1,2 Millionen anno 2000 erhöhte. An erster Stelle in der Hafenstatistik aber stehen seit 1950 unangefochten die Baustoffe, die von der Rhenus AG an der Hafenstraße umgeschlagen werden. Das führende Logistikunternehmen in Mitteleuropa verfügt in Leer über eine Fläche von 60 000 Quadratmetern, auf der unter anderem Steine und Torf gelagert werden können. Auch beliefert Rhenus die Papierfabrik Nordland in Dörpen mit Papier.

Sogar aus Nord- und Südamerika, vornehmlich aber aus den neuen deutschen Bundesländern kommen die Frachter, die beim benachbarten Raiffeisen-Futtermittelwerk anlegen. In einem der beiden 35 Meter hohen Zwillingstürme, die den Hafen seit 1975 überragen, können bis zu 7000 Tonnen Rohstoffe gelagert werden – Getreide, Schrot und Pressungsfolgeprodukte aus den Ölmühlen. Aus den Ingredienzien werden im anderen Turm 50 Sorten Standard- und 100 Sorten Spezial-Leistungsfutter für Milchkühe gemixt, über 80 000 Tonnen im Jahr.

Während die Raiffeisen Hauptgenossenschaft Nord AG Hannover seit über 100 Jahren im Leeraner Hafen ansässig ist, hat sich das Natursteinwerk WECO erst im Zuge der Hafensanierung angesiedelt, mit der 2000 begonnen wurde: Auf dem Seewege erhält es unter anderem Granitstein aus Portugal neben Marmor aus Italien, der zu Marmorkies und -granulat zermahlen sowie zu Marmorplatten und -fliesen verarbeitet wird. Die Stadtwerke hatten im Bereich der Firmen Rhenus und WECO, die sich auf dem ehemaligen Gelände der Libby-Werke und der Heringsfischerei niedergelassen haben, eine Spundwand mit integrierter Ro-Ro-Anlage erstellt.

Bypass für den Hafen

Der Leeraner Hafen wird seit Beginn des Millenniums für rund 20,5 Millionen Euro saniert, damit Schiffe mit einem Tiefgang von sechs Metern die Hafenbetriebe problemlos erreichen können. Er litt unter ständiger Verschlickung als Folge der Emsvertiefungen, mit denen den Ozeanriesen der Papenburger Meyer Werft der Weg ins tiefe Wasser gebahnt wird. Bei jeder Schleusung schieben die Schiffe Schlick und sedimenthaltiges Wasser (Fluid Mud) in den Hafen, und gleichzeitig gehen rund 11 000 Kubikmeter Wasser verloren. Die Folge: immer wieder bleiben Schiffe im zähen Hafenschlick stecken.

Nun verhindert ein Bypass-System, das der Leeraner Bagger-Experte Rewert Wurpts entwickelt hat, den Schlick-Infarkt: Ein Hauptpumpwerk befördert schwebstoffarmes Wasser aus dem oberen Bereich

Skipper-Treffen im Freizeithafen.

der Leda durch ein Bypass-Rohr von 1,20 Metern Durchmesser in ein Entnahmebauwerk an der Leda; von da aus gelangt es in den Hafen. Im Gegenzug wird das schwebstoffreiche Hafenwasser über eine 30 Zentimeter dicke Fluid-Mud-Leitung, die mit einem Auslaufbauwerk verbunden ist, in die Leda zurückgepumpt. Das Schlickpflugschiff „Krabbe", das sich die Stadtwerke Leer eigens angeschafft haben, schiebt zudem störenden Mud mit einer hydraulischen Egge zu einem Absetzbecken aus Beton. Das innovative Bauwerk hat einen Durchmesser von 35 Metern und wurde im Juni 2002 hinter dem Binnenhaupt der Seeschleuse in einer Tiefe von sieben Metern in die Hafensohle eingelassen. Eine Schlammpumpe drückt den Schlick von dort in das Bypass-System. Dadurch sollte nach rund 20 Jahren endgültig Schluss mit der Baggerei sein.

Im Zuge der Sanierung, die von der Europäischen Union gefördert wird, entstand zudem eine neue Hafenverkehrs- und Betriebszentrale, und die Seeschleuse erhielt neue Unterwasserschienen am Binnen- und Außenhaupt. Auch wurden die Hauptantriebe der Schleusentore erneuert und die Computer-Technik des Steuerpultes, mit dem sowohl die Schleusentore als auch das Fluid-Mud-System überwacht werden, auf den neuesten Stand gebracht. Bevor das Bypass-System nachhaltig verhindern konnte, dass sich Schwebstoffe zu störendem Schlick verdichten, musste das insgesamt 3,8 Kilometer lange Hafenbecken erst einmal gründlich von den alten Schlammschichten befreit werden. Von Mitte 2004 bis Ende 2006 wurden insgesamt 300 000 Kubikmeter Schlick aus Industrie- und Handelshafen entfernt, wobei die Fahrrinne auf eine Tiefe von sechs Metern gebracht wurde.

Freizeithafen

Die weiße Flotte der Germania-Reederei kam problemlos mit dem nur vier Meter tiefen Handelshafen aus: So hat die „Warsteiner Admiral" einen Tiefgang von nur 1,40 Metern. Kapitän Eitel Brinkmann, damals stellvertretender Hafenkapitän in Emden, hat die Germania Schiffahrtsgesellschaft 1986 zusammen mit seinem Sohn Jens-Eilert, dessen Bruder Reiner und Mutter Gisela gegründet. Damit schlug die Familie Brinkmann ein neues Kapitel der Ausflugs- und Fahrgastschifffahrt in Leer auf, nachdem das erste, bei dem verschiedene Dampfschifffahrtsgesellschaften miteinander konkurrierten, nur von 1840 bis 1901 gedauert hatte.

Die Familie begann ihre Ausflugs- und Gesellschaftsfahrten auf Leda, Ems und Jümme mit den älteren Schiffen „Nordland" und „Wesertal" der Bremer Reederei Schreiber, die sie in „Germania" und „Hafenmusik" umtauften. 1995 hatte die unter Beteiligung der Warsteiner Brauerei erbaute „Warsteiner Admiral" ihre erste Saison. Im Mai 1999

Leer ist eine attraktive Hafenstadt.

kamen das Grachtenboot „Koralle“ und die Emsyacht „Germania“ hinzu. Seit 2002 gibt die Reederei einen ganzjährigen Schiffsfahrplan heraus, der über das stetig wachsende Ausflugsprogramm informiert. Unter anderem fährt die weiße Flotte nach Papenburg, Ditzum, Delfzijl und Groningen und unternimmt Flusskreuzfahrten auf Leda, Ems und Dollart. Ein beliebtes Ziel ist das Emssperrwerk in Gandersum.

Zu dem gefragten Angebot gehören Hafenrundfahrten mit der „Koralle“, die im ehemaligen Handelshafen neben der Dr.-vom-Bruch-Brücke liegt. Die Tickets können vorab im Pavillon nebenan gelöst werden, und die Teestube der Reederei lädt dazu ein, bis zur Abfahrt gemütlich Tee zu trinken und abzuwarten. Seit 1960 ist aus dem Handels- ein Freizeithafen geworden: Zu Beginn der Hafenrundfahrt gleitet die „Koralle“ an Sportbooten vorbei, die entlang der Hafenpromenade festgemacht haben. Einmal im Jahr, am letzten Wochenende im Juli, steuern Hunderte von Yachten Leer an, wenn der Deutsche Motoryachtverband mit Sitz in Leer zum Tourenskippertreffen einlädt. Um die Boote kümmert sich bei Bedarf die Leda-Yachtwerft.

Dahinter liegt das 1909 eingeweihte Bootshaus des Rudervereins Leer (RVL), eine Fachwerkkonstruktion auf Pfählen mit Jugendstil-Touch. Der RVL selbst wurde am 22. September 1903, einen Tag nach der Einweihung der Leeraner Schleuse, als erster Ruderverein Ostfrieslands aus der Taufe gehoben. „Hier ist eine nationale Ruderregatta-Strecke“, erläutert Kapitän Erich Lolling mit Blick auf Ruderer im Freizeithafen. Die traditionelle Ruderregatta im August zieht alle Jahre wieder Vereine aus ganz Deutschland an. Mit Christina Gerking haben die Leeraner gar eine mehrfache Weltmeisterin in ihren Reihen.

Auf der anderen Seite der Leda erhebt sich das attraktive neue Anglerheim. Das Grundstück stammt von der Stadt, den Neubau hat der 1935 gegründete Angelsportverein Leer und Umgebung 1999 in Eigenleistung hochgezogen – bei 1200 Mitgliedern kein Problem. Davor liegen die Steganlagen für die Anglerboote. „17 Sorten Fische gibt es im Hafen, 34 auf der Ems“, sagt der Kapitän. „Auch der Stör ist wieder da.“

Bei der Rundfahrt bekommen die Passagiere auch das Vereinsheim des Ruder-Clubs Leer 1930 an der Groninger Straße und den Yachthafen des Seglervereins zu sehen, der 1934 als Wassersportverein gegründet worden war. Über hundert Jahre alt ist die Segelmacherei Salverius an der Neuen Straße, die 60 Jahre lang, von 1937 bis Ende 1996, von der Familie Salverius geführt wurde; Carl Salverius hatte dort bis zu seinem 85. Lebensjahr gearbeitet. Anfang 1997 übernahmen der Segelmachermeister Thorsten Vollbarth und der Einzelhandelskaufmann Ingo Battermann den Betrieb.

Wohnen am Wasser.

Wohnen am Wasser

Die Hafenrundfahrt durch das hufeisenförmige Hafenbecken führt an den Hafenbetrieben vorbei sowie an den wunderschönen Gärten, die direkt am Wasser hinter den Häusern an der Neuen Straße liegen. Zugleich gerät eine faszinierende Baustelle in den Blick: Am ehemaligen Handelshafen auf der Nesse entsteht auf einem 7,5 Hektar großen Gelände neben dem Angelsportheim derzeit ein neuer attraktiver Stadtteil mit Stadtvillen, Kapitänshäusern, drei kleinen Hafenbecken, einer Hafenpromenade mit Bootsanlegern, Stegen für den Wassersporttourismus und Parkanlagen.

1998 hatte die Stadt Leer das Erbbaurecht für das ehemalige Fabrikgelände der Firma Connemann zurückgekauft und sowohl das frühere Connemann-Spanplattenwerk als auch das ehemalige städtische Bauhofgebäude abgerissen. Auf diese Weise wurde der Weg frei für das städtische Projekt „Wohnen am alten Handelshafen", das nach kontroversen Diskussionen innerhalb des Stadtrates und der Bevölkerung von dem Bonner Büro S.K.A.T. entworfen wurde. Die HOCHTIEF Projektentwicklung in Osnabrück übernahm die Bauleitung, während der Leeraner Entwicklungs- und Erschließungs-Betrieb (LEEB), den die Stadt eigens fürs Projekt gegründet hat, für den Verkauf der Grundstücke zuständig ist. Die ersten Investoren, die sich Baufelder sicherten, sind Reeder und Kaufleute aus Leer. Sie gründeten die Gesellschaft „Wohnen am alten Handelshafen."

„Das ist ein historischer Schritt", sagte Bürgermeister Wolfgang Kellner vor Beginn der Bauarbeiten auf der Nesse im Herbst 2004. „Unsere Stadt hat sich immer mehr zum Wasser hin entwickelt – und nun nehmen wir das Wasser in die Mitte." Bereits zwei Jahre später konnte die Nessebrücke eingeweiht werden, die die Nessehalbinsel an die Innenstadt anbindet. Die 82 Meter lange Fußgängerbrücke kann für den Schiffsverkehr geöffnet werden. So erreicht man auch das 2010 fertig gestellte, mehr als 93 Meter lange Torbogenhaus, in dem Wohnungen, Geschäftsräume und ein Restaurant untergebracht sind. So hat die Nesse innerhalb weniger Jahre ein neues und sehr lebendiges Gesicht bekommen. Durch die neue Brückenverbindung zur ehemaligen Halbinsel wird ein Altstadtbummel in Leer künftig noch reizvoller. „Unsere Zukunft liegt auf dem Wasser", sagte der Leeraner Bürgermeister Dieckmann 1903 bei dem Festakt zur Schleuseneinweihung. Der Mann hat Recht – heute mehr denn je.

Wie die modernen Speicherhäuser der Reeder nehmen die Stadtvillen und Kapitänshäuser architektonische Elemente der Altstadt auf. So bestehen die Fassaden der meist zwei- und dreistöckigen Gebäude aus Verblendmauerwerk, das durch Glasflächen und

Stahlkonstruktionen aufgelockert wird. Die Hafenpromenade davor verleitet künftig zu langen Spaziergängen, an Gärten und Parks vorbei. Dabei könnte auch der Inselgarten wieder aufleben, den der mit vielen nationalen und internationalen Preisen ausgezeichnete Leeraner Staudengärtner Ernst Pagels nach dem Zweiten Weltkrieg schuf. Der von ihm mit Bäumen, Sträuchern und vor allem Stauden gestaltete Park im nördlichen Bereich der Nesse war den Leeranern Pfingsten 1950 übergeben worden.

Es ist kein Zufall, dass auch die neue Tourismus-Zentrale für ganz Ostfriesland, die in ihrer Form an ein Schiff erinnert, am Alten Handelshafen errichtet wurde. Darin vermarkten die Ostfriesland-Touristmus GmbH (OTG) und die Touristik GmbH Südliches Ostfriesland gemeinsam die Region im Nordwesten – ein weiterer großer Schritt in die Zukunft.

Industriegebiete

Aber auch durch den Bau der Autobahnen A 28 (Niederlande–Bremen) und A 31 (Ruhrgebiet–Nordseeküste), die sich in Leer kreuzen, wird die wirtschaftliche Entwicklung Leers begünstigt. Leer als Tor Ostfrieslands steht heute mitten in Europa. Über die Ems gelangen Seeschiffe aus der Nordsee in den Hafen, während Binnenschiffe über den Dortmund-Ems-Kanal ins Ruhrgebiet schippern. Neben den Autobahnen begegnen sich in Leer die Bundesstraßen B 70 und B 75. Auch die Bundesbahn-Hauptstrecken Emden–Ruhrgebiet und Hamburg–Groningen führen über die ostfriesische Stadt.

Auf dem Luftwege ist sie über den Verkehrslandeplatz Nüttermoor erreichbar, der von der Flugplatz Leer-Papenburg GmbH betrieben wird. Das weiß eine Investorengruppe von Leeraner Reedern und Unternehmern zu schätzen, die unter dem Dach der B 200 Flugcharter Leer GmbH eine Halle für vier Flugzeuge errichtet hat.

An strategisch wichtigen Punkten schuf die Stadt Leer neben dem Industriegebiet an der Sägemühlenstraße weiteren Raum für Gewerbe und Industrie. So entstand in Nüttermoor, in der Nähe von Autobahn A 28 und Ems, das Industriegebiet Leer-Nord, in dem 1990 ein Gründerzentrum eingerichtet wurde. Daneben gibt es die Gewerbegebiete Loga sowie Großer Stein am Emsdeich bei Leerort. Dort haben sich unter anderem zukunftsträchtige Unternehmen der Elektrotechnik, des Maschinen- und Apparatebaus, der Kunststoff- und Verpackungstechnik niedergelassen. Im Gewerbegebiet Großer Stein am Emsdeich zum Beispiel richtete die MEM-Bauchemie, der Spezialist für trockene Häuser, eine moderne Produktionsstätte in einer Tennishalle ein. Johann Memmen hatte das Erfolgsunternehmen 1977 nach Maurerlehre und abgeschlossenem Studium der Bautechnik geschaffen. In der Nähe kocht die 1902 in Emden gegründete Firma Opifera seit 1995 Echte Emder. So heißen die bewährten Bonbons gegen Heiserkeit und Erkältung. Auch die Beschützenden Werkstätten von Lebens- und Spastikerhilfe stehen am Emsdeich, während der Blinden- und Sehbehindertenverein Ostfriesland Werkstätten in Loga sowie ein Seniorenheim am Julianenpark unterhält.

Zu den besonders zukunftsträchtigen Leeraner Unternehmen gehört der Elektronikspezialist ELV Elektronik AG, der jährlich rund 100 neue Produkte entwickelt und im konzerneigenen Werk China produziert. Außerdem gibt das 1978 von Professor Heinz-G. Redeker gegründete Unternehmen mit dem ELVjournal die auflagenstärkste Elektronikzeitschrift Deutschlands heraus.

Immer mehr Leeraner tummeln sich zudem im Bereich der Windenergie. Einer von ihnen ist der Leeraner Kapitän Claas-H. Braitsch, der 1988 das Unternehmen Maritime Service und Transport an der Nessestraße gründete. Es organisiert unter anderem Schwertransporte für die gigantischen Rotoren und hat auch schon einen ganzen Windpark der Auricher Firma Enercon nach Kreta verladen. Der Logaer Maschinenbau, der sich 1974 in Loga angesiedelt hat, erzielt mittlerweile 60 Prozent seines Umsatzes aus Maschinenbauteilen, die er für Windenergie-Anlagen plant und fertigt.

Auch die Gesellschaft für Handel und Finanzen (GHF), die ihren Stammsitz an der Blinke in Leer hat, ist seit 1997 neben dem Immobilien-Sektor im Bereich der Neuen Energien tätig. Ihr Hauptstandbein aber ist und bleibt die Schifffahrt: In dieser Sparte vermittelt die GHF seit 1985 Kapitalanlagen für geschlossene Fonds. Dabei arbeitet sie unter anderem mit den Leeraner Unternehmen Phoenix Reederei, Rigel Schiffahrts GmbH & Co. KG, Alpha Ship GmbH sowie der G.H.S. Global Hanseatic Shipping GmbH Leer/Hamburg zusammen. Bis Ende 2004 initiierte sie insgesamt 98 Fonds mit rund 2,2 Milliarden Euro Investitionsvolumen und über einer Milliarde Euro Beteiligungskapital.

Der Industriehafen liegt an der Mündung der Leda in die Ems.

ART
Südgeorgsfehn

Die Tjalk im Museum

Auf der einen Seite des Hafens erheben sich die modernen Reedereigebäude, die von den Leeraner Architekten Heiko Winenga und Gerhard Eden im Stil der Hamburger Speicherstadt entworfen wurden. Auf der anderen Seite liegen Tjalken, Kutter und Klipper. Die Plattbodenschiffe erinnern an eine längst vergangene Zeit, als Torfschiffe mit braunen Segeln an Leers ältester Schiffsanlegestelle „an't Över bi de Waag" festmachten.

Der Museumshafen entstand auf Initiative des langjährigen Heimatvereins-Vorsitzenden Albert Wehner und des Leeraner Reeders Günter Prahm, die in ihrer Kindheit mit Begeisterung beim Be- und Entladen der Torfschiffe zugesehen hatten. Der Besuch eines Traditionsschiff-Treffens im niederländischen Enkhuizen brachte sie auf die Idee, die Vergangenheit neu zu beleben. So gründeten sie 1995 das Schipperklottje als selbständige Gruppe im 700 Mitglieder starken Verein für Heimatschutz und Heimatgeschichte Leer. An dem Traditionsschiff-Treffen, zu dem sie alle zwei Jahre einladen, nehmen mittlerweile weit über 100 Schiffe aus Deutschland und den Niederlanden teil.

Beim ersten Treffen entdeckte der Leeraner Reeder Alfred Hartmann zufällig die Tjalk „Jankea" aus Bremerhaven, die nach seiner Großmutter benannt worden war. Sie gehört jetzt zu den rund 20 Schiffen, die im Museumshafen hinter der Waage liegen. Drei davon – der 1924 gebaute Schlepper „Bertus Freede" und die Opduiver (Mini-Schlepper) „Mirjam" und „Keerlke" – sind Eigentum des 100 Mitglieder starken Vereins. Für den Besan-Ewer „Friedrich" (Baujahr 1910) gründete Prahm, der Eldermann vom Schipperklottje, die Schippergilde „Friedrich", die unter anderem Jugendfreizeiten auf dem Plattbodenschiff anbietet.

Waage und Museum

Dem Leeraner Heimatverein gehören gleich mehrere Gebäude am Leda-Ufer, darunter seit 1921 die Waage selbst, die von dem Förderverein Waage betreut wird. Die Vereinsmitglieder reparierten den Turm, entfernten die hässlichen Anbauten und gaben der historischen Gaststätte mit Schifferstube, Ratsstube und dem Blauen Saal der Gräfin Anna ihren alten Glanz zurück.

Das Heimatmuseum ist seit 1936 in zwei Gebäuden an der Neuen Straße, den stattlichen Kaufmannshäusern Nummer 12 und 14, untergebracht. Von dem Wohnpackhaus (Nr. 14) ist auch noch der originale Lastenaufzug erhalten, mit dem einst Tee und Kandis hochgezogen wurden. Anlässlich der Vereinsgründung im Jahre 1909 schenkte Bürgermeister Dieckmann dem Heimatverein eine kleine Sammlung von historischen Schränken und Truhen. Als der Verein 1912 eine Sammlung des Altertumsvereins übernahm, richtete er ein provisorisches Museum in der Haneburg ein. Mit dem Umzug zur Neuen Straße kam eine Schifffahrtsabteilung dazu.

Links: Historische Schiffe im Hafen.
Rechts: Tjalken mit ihren typischen Segeln.

Der „Kruideneerswinkel" von 1782 im Heimatmuseum.

Im Rahmen des Museumsverbundes erhielten die Leeraner die Schwerpunkte „Ostfriesische Wohnkultur" und „Schifffahrt" zugewiesen. Auf fünf Etagen wird in den beiden miteinander verbundenen Handelshäusern nebenbei die Stadtgeschichte lebendig – von der Steinzeit im Keller bis zur Leeraner Heringsfischerei im Dachgeschoss. Im Erdgeschoss ist unter anderem die gute Biedermeier-Stube von Anna Onneken zu sehen, die 1996 mit 102 Jahren starb, sowie ein Kaufmannsladen (Kruideneerswinkel) von 1782, der bis 1934 an der Leeraner Kirchstraße stand.

Außerdem zeigt das Heimatmuseum neben drei gefliesten Kaminen und einer stattlichen Fliesen-Sammlung Festtagskleider der betuchten Damenwelt sowie Hauben, Ohreisen und Silberschmuck. Mehrere Prachtschränke zieren das Sitzungszimmer auf der ersten Etage. Dort ist auch das älteste Exponat des Museums untergebracht, das aus dem 16. Jahrhundert stammt: der mit vielen Geheimfächern versehene Tisch des Abtes aus dem Jemgumer Johanniterkloster. Einen Einblick in das Leeraner Kunsthandwerk vermittelt die Werkstatt der Silber- und Goldschmiede Coemann, die Ende des 18. Jahrhunderts an der Neuen Straße Nummer 18 stand.

Ebenfalls auf der ersten Etage werden Schiffsmodelle von Emspünte, Kuff, Brigg und Seetjalk gezeigt sowie Zeichnungen, Radierungen, Ölgemälde und Aquarelle des Leeraner Malers und Grafikers Ernst Petrich (1878–1964). Er hatte dem Museum in den 1930er Jahren eine einzigartige Sammlung von Zeichnungen geschenkt, die auf über 80 Blättern die Entwicklung der Fluss- und Küstenschifffahrt zeigen. Den Mittelpunkt der Schifffahrtsausstellung aber bilden Vorder- und Achterende des 1904 in Großefehn erbauten Torfmuttje „Gretje".

Eine besondere Rarität des Heimatmuseums stellt das Fahrrad dar, das der Leeraner Schlossermeister Wienholtz 1869 nach der Zeichnung des Grafen von Wedel-Gödens anfertigte. Der Graf hatte das Michaux-Rad, damals eine Weltneuheit, 1867 bei der Weltausstellung in Paris entdeckt. Auch eine Tasse der Familie, auf der die Evenburg abgebildet ist, gelangte ins Museum.

Spöölerklottje

Von eminenter Bedeutung für Heimatmuseum und -verein ist das Spöölerklottje, die älteste plattdeutsche Bühne der Region. Sie führt alle Jahre zum Gallimarkt ein neues Stück auf, dessen Erlös für das Heimatmuseum bestimmt ist Mit einem Festumzug anlässlich des 400. Gallimarkts hatte 1907 alles begonnen: Die Mitwirkenden gründeten 1909 den Verein für Heimatschutz und Heimatgeschichte in Leer. 1911 wurde das erste Stück aufgeführt: „Gräfin Theda von Ostfriesland". 1912 folgte „De quade Foelke" und 1913 „Unner Napoleon". „Die Belagerung von Leerort", die für 1914 vorgesehen war, verhinderte der Erste Weltkrieg; sie fand erst 1923 statt. Seitdem bringt das Spöölerklottje vor allem lustige Stücke auf die Bühnenbretter, darunter das Lustspiel „Der Herr Neffe“, das der Leeraner Schriftsteller und Lektor Bruno Loets (1909–1969) geschrieben hatte. Inzwischen spielt auch eine Jugendgruppe Theater, die „Young Spöölers“. Die jungen Akteure, die zwischen 16 und 20 Jahre alt sind, treten im Zollhaus oder im Klottje-Huus auf, das ebenfalls dem Heimatverein gehört.

Bis auf den letzten der rund 100 Plätze besetzt ist das Klottje-Huus meist auch dann, wenn die Küche des Hauses Gerichte nach alter ostfriesischer Art auftischt, unter anderem Updrögt Bohnen (Ostfriesische Speckbohnen), Puffert un Peren (Mehlkloß mit Birnen), Grünkohl nach Rheiderländer Art oder Insett Bohnen (Schnippelbohnen-Eintopf). Auch in diesem Fall fließt der Reinerlös in den Unterhalt des Heimatmuseums. Außerdem gehören ein Spinnklottje und die Kindergruppe „Eerdmanntjes“ zum Heimatverein.

Böke-Museum

Auf der anderen Seite der Neuen Straße schaut eine Meerjungfrau von einer Edelstahlstele aus sehnsuchtsvoll in das Wasser des Hafens. Das „Meerwiefke“ gehört zu dem Skulpturengarten der Karl-Ludwig-Böke-Gesellschaft e.V., die 1999 in der ehemaligen Blaufärberei an der Neuen Straße 33 ein kleines Museum zu Ehren des Leeraner Bildhauers Karl-Ludwig Böke (1927–1996) geschaffen hat.

In Ostfriesland wurde er vor allem durch die Großplastiken aus Bronze bekannt, die er in seinen letzten zehn Lebensjahren schuf: unter anderem Störtebeker in Marienhafe, Jantje Vis und Peterke in Emden, die Törfwiefkes in Weener und das Teemädchen Teelke in der Leeraner Brunnenstraße. Im Museum selbst werden die Originale aufbewahrt, die Böke zunächst als Akt modelliert hatte, unter anderem die schwergewichtige Frau mit Postpaket, die – bekleidet – in der Innenstadt von Soltau steht.

Der Skulpturengarten zeigt darüber hinaus zwei geometrische Eisenkonstruktionen als Beispiel für die Plastiken, die der junge Böke in den 1960er Jahren gestaltete. Später kamen die „Steinräume“ hinzu, Skulpturen, die häufig an Architektur- und Bühnenbildmodelle erinnern. Ein Schwerpunkt der Museumsarbeit aber ist die Ausstellung von Bökes meisterhaften Portraitbüsten, deren Augen einmalig lebendig gestaltet sind.

Bronzefigur der Romangestalt „Keerlke“ von Wilhelmine Siefkes.

Daneben stellen sich im Böke-Museum zeitgenössische Künstler mit Ausstellungen vor, in denen ihre Werke meist in Bezug zu Arbeiten des Namensgebers gesetzt werden. Ihre Workshops sind das Bindeglied zur Freien Kunstschule Leer, deren Trägerin ebenfalls die Karl-Ludwig-Böke-Gesellschaft ist. Sie bietet in den Räumlichkeiten der ehemaligen Wilhelmine-Siefkes-Schule an der Königstraße 33 Wochenkurse, Werkstätten und Projekte in allen Sparten der Bildenden Kunst sowie in den Bereichen Literatur, Film und Theater an.

Finanziert wird die Einrichtung, die keinerlei institutionelle Förderung erfährt, überwiegend aus den Beiträgen der rund 250 Teilnehmer zwischen vier und weit über 70 Jahren. Darüber hinaus erwirtschaftet die Kunstschule die Gelder, die zum Erhalt des Museums notwendig sind. Geleitet wird sie von Judith Böke, einer Tochter des Künstlers, die auch Vorsitzende der Böke-Gesellschaft ist, während sich Ludwig Brundiers als Leiter der Theaterwerkstatt und des Museums sowie als Geschäftsführer engagiert.

An den Adventssonntagen, wenn das Schipperklottje in der Zeit von 14 bis 19 Uhr zum „Wiehnachtsmarkt achter de Waag“ einlädt, verwandelt sich das Böke-Museum in ein Museum für Kinder. Dann können die Werke der jungen Künstler bewundert werden, die in der Freien Kunstschule entstanden sind. Ein Forum (nicht nur) für ostfriesische Künstler bietet auch die Treppenhaus-Galerie des Modehauses Leffers an der Mühlenstraße sowie die Galerie von Dr. Gerda Basse, die in ihrer Villa an der Großstraße untergebracht ist.

Eine Hommage an Ostfriesland – so lässt sich das Leeraner Miniaturland am besten mit einem Wort beschreiben. Es liegt verkehrsgünstig in der Konrad-Zuse-Straße 1, direkt an der A31 (Ausfahrt Leer-West / Emstunnel). Diese mit 600 Quadratmetern Ausstellungsfläche zurzeit zweitgrößte Miniaturlandschaft Deutschlands zeigt Ostfriesland, Emsland, die ostfriesischen Inseln und die angrenzenden Niederlande und stellt diese weitgehendst originalgetreu im Maßstab 1:87 (H0) dar. Dadurch erleben die Besucher die dargestellten Regionen so, als befänden sie sich tatsächlich vor Ort.

Rathaus und Gallimarkt in Leer, Otto Huus in Emden, Greetsiel, Emssperrwerk oder Meyer-Werft in Papenburg – all diese Orte und Sehenswürdigkeiten sind nur ganz wenige Beispiele für die unglaubliche Vielfalt, die den Besucher im Leeraner Miniaturland empfängt.

Das Leben auf der Anlage lässt sich an vielen Stellen durch Knopfdruck steuern: Roboter im VW-Werk in Emden nehmen dann ihre Arbeit auf, Erntemaschinen bearbeiten den Acker, auf dem Gallimarkt setzen sich die Fahrgeschäfte in Bewegung und vieles mehr. Natürlich durchqueren auch Züge die Landschaft, fahren Autos durch Städte, setzen Schiffe über zu den Inseln. In etlichen Fahrzeugen befinden sich Mini-Cameras, welche die Fahrt auf großen Bildschirmen darstellen.

Die Schauanlage am Stadtrand von Leer ist in einem 1200 Quadratmeter großen Gebäude untergebracht, welches einem Lok-Schuppen nachempfunden ist. Zur Entspannung der Besucher ist auf 8000 Quadratmetern ein Park mit Kinderspielplatz angelegt, der durch seine Gartenbauarchitektur einlädt. In dem Gebäudekomplex ist zudem ein Café untergebracht.

Vier Jahre Planungs- und Bauzeit vor der Eröffnung Mitte 2011 und eine Investitionssumme von etwa 2,5 Millionen Euro hat der Initiator und Inhaber Wolfgang Teske in das bemerkenswerte Projekt gesteckt, welches in kürzester Zeit zu einer Touristen-Attraktion und einem Freizeitmagneten für zirka 70 000 Besucher pro Jahr geworden ist.

Etwa 7000 Meter Straße und Schiene, 300 Züge und Waggons, über 5000 Gebäude und Sehenswürdigkeiten, 100 000 Figuren, 15000 Bäume und Büsche, 70 000 Lichter, 250 Schiffe und 5000 Autos sind auf der Anlagenfläche en detail verbaut worden.

Konzerte

Auch sonst wird – nicht nur auf dem kulturellen Sektor – Ehrenamtlichkeit in Leer groß geschrieben: So organisiert der Verein Junger Kaufleute (VJK) erstrangige Klassik-Konzerte. Gleich nach der Währungsreform gab Elly Ney ein unvergessliches Gastspiel im alten Tivoli, und später riss Yehudi Menuhin seine Zuhörer in der Reformierten Kirche zu Beifallsstürmen hin. Der ursprüngliche Zweck des 1876 gegründeten Vereins geriet dabei in Vergessenheit: „Fortbildung im kaufmännischen und allgemeinen Wissen, Hebung und Verbreitung kaufmännischer Kenntnisse, Förderung des genossenschaftlichen Sinnes und der Zusammengehörigkeit der Mitglieder." Heute finden die Konzerte in der Aula der Berufsbildenden Schulen an der Blinke statt, die eigens für Theater- und Musikveranstaltungen konzipiert wurde. Rund 600 Plätze sind von vornherein durch Abonnements vergeben.

Ebenfalls von einem Verein getragen wird das Zollhaus neben dem Bahnhof. Das Kulturzentrum finanziert sich vornehmlich durch Partys in der Lagerhalle, in der bis zu 800 Tanzwütige Platz haben. Außerdem veranstaltet es Rock und sonstige Konzerte für die Generation 30 plus. Auch ist das Studio Leer von Radio Ostfriesland im Zollhaus untergebracht.

Seit 1992 veranstaltet die Volkshochschule Leer, die 1947 als Verein gegründet wurde, sechs- bis achtmal im Jahr „Jazz im Speicher". Damit ist der Kulturspeicher gemeint, der von der Stadtbibliothek verwaltet wird. Den Grundstock der ehemaligen „Ortsbücherei Leer", die zunächst in einem Klassenraum der Osterstegschule untergebracht war, bildeten nach dem Zweiten Weltkrieg Bücherspenden sowie die Reste der Bibliothek des Vereins Junger Kaufleute.

Der Fanfarenzug Heisfelde, der seit 1986 ein eingetragener Verein ist, veranstaltet seit 1989 die Internationalen Musiktage in Leer. Seit er sich 2000 dazu entschlossen hat, statt volkstümlicher Musikstücke

Links: Das Leeraner Miniaturland bietet Ostfriesland im Maßstab 1:87.

Die von Karl-Ludwig Böke geschaffene Skulptur des Teemädchens „Teelke".

Titel aus den aktuellen Charts zu spielen, nennt er sich „Marchingband Blue Spirit"; an seiner Seite tanzt die Cheerleader-Gruppe „Candy Girls". Mit ihrem modernen Musikstil gewannen die Leeraner 2001 erstmals die German Open in Hameln.

Auf dem sozialen Sektor ist der 500 Mitglieder starke Kinderschutzbund Leer von überragender Bedeutung. Er eröffnete bereits am 1. Februar 1974, ein Jahr nach der Gründung, das Kinderschutzhaus Leer. In der Tagesstätte, die inzwischen aus mehreren Häusern am Reformierten Kirchgang besteht, werden über 100 sozial benachteiligte Kinder aus den verschiedensten Nationen betreut.

Sonnenuntergang an der Jann-Berghaus-Brücke.

Wein
Wolff
FOTO
Rialto
Seute Deern
JEVER
Gold &
Antik
Antik

Auf dem LEER-Pfad durch die Stadt

Die LEER-Pfad-Station an der Kirchstraße lässt erahnen, wie die Altstadt heute aussähe, wenn es den Leeraner Heimatverein nicht gäbe: Im Pflaster ist der Verlauf der Westtangente angedeutet, die 1967 an dieser Stelle geplant war und einen großen Teil der Altstadt zerstört hätte. Der massive Protest der aus dem Heimatverein hervorgegangenen Bürgerinitiative Altstadtsanierung bewirkte, dass die Stadtväter ihre Planung stoppten und fortan die Altstadt in Zusammenarbeit mit den Bürgern schonend sanierten.

Bis zu diesem Zeitpunkt hat sich jedoch eine ganze Menge zum Nachteil der idyllischen Stadt verändert, mussten zum Beispiel historische Gebäude modernen Einkaufscentern weichen. Seit 2003 lädt der Arbeitskreis Stadtmarketing Leer (ASL) zu einer historischen Zeitreise unter dem Titel „Unnerwegens dör de Tied" ein, die von der Waage aus über die Rathaus-, Brunnen-, Mühlen- und Georgstraße zum Alten Handelshafen führt.

An insgesamt 20 Standorten verleiten Informationstafeln mit historischen Fotos dazu, ein wenig zu verweilen und vor Ort die alte Ansicht mit dem modernen Ambiente zu vergleichen. Nähere Informationen geben ein plattdeutscher Text des langjährigen Heimatvereinsvorsitzenden Albert Wehner und ein kurzer literarischer Rückblick von Jochen Schimmang.

Den Blick auf einen Schuhmarkt in Bahnhofsnähe kommentiert er zum Beispiel so: „Damals, wenn der Reisende aus dem Bahnhof kam und langsam in die Stadt spazieren ging, sah er eine geschlossene Häuserreihe, die ich vom Geschichtenerzählen kannte und die zwei Weltkriege überlebt hat, bevor eine wildgewordene Planung sie kontinuierlich zerstört hat."

In der Nähe kämpft sich eine überdimensionale Blume am Beginn der Fußgängerzone aus dem versiegelten Boden. Von ihr führt ein Pfad zu einem stilisierten Globus, der sich in der Mitte des Platzes erhebt. Die Pflastersteine, die auch die Weltkugel mit den Orten „Leer" und „Rio de Janeiro" umgeben, tragen den in 19 Sprachen übersetzten plattdeutschen Spruch: „Völ lüttje Lü an völ lüttje Steden, de völ lüttje Stappen doon, können dat Gesicht von uns Eer verannern." In die Rohlinge aus dem Klinkerwerk Bockhorn hatten fünf- bis elfjährige Teilnehmer des Sing- und Spielkreises Plytje zusammen mit Kindern aus Tschernobyl Pflanzen, Tiere und Menschen geritzt.

Die so genannte Aufbruchstation des LEER-Pfades ist der schönste Beweis dafür, wie die Lokale Agenda 21 in Leer funktioniert; das Aktionsprogramm war 1992 auf der Umweltkonferenz in Rio de Janeiro von 172 Staaten unterzeichnet worden. Die Entwicklung einer LEER-Pfad-Station, an der durchschnittlich 40 Leeraner beteiligt sind, stellt zugleich einen Agenda-Prozess dar: Ursprünglich sollte die Aufbruchstation auf einer Verkehrsinsel

Links: Die Rathausstraße.
Rechts: Handelshaus an der Norderstraße.

Das Leda-Jümme-Gebiet hat auch Ausflüglern und Naherholungssuchenden viel zu bieten.

errichtet werden, die in einer der verkehrsreichsten Kreuzungen Leers lag. Zum Schluss verwandelte sich die Kreuzung in einen der schönsten Plätze Leers – den Platz der kleinen Schritte.

1999 wurde der rund drei Kilometer lange Innere Ring des Stadtökologischen LEER-Pfades eingeweiht, der durch die Leeraner Altstadt führt. Er umfasst bisher elf Stationen, auf die insgesamt 130 Edelstahlteller mit Richtungspfeilen im Straßenpflaster hinweisen. An jeder Station informiert eine farbenprächtige Tafel anschaulich und auch kindgerecht über ein Umweltthema, das vor Ort umgesetzt worden ist. An der Wilhelmine-Siefkes-Schule zum Beispiel ranken Kletterpflanzen empor, die Teilnehmer des Projekts zum Thema Fassadenbegrünung gepflanzt haben, und vor der Jugendherberge wurde eine monotone Rasenfläche in ein Paradies für Tiere verwandelt. Faltblätter mit dem genauen Routenverlauf sind unter anderem im Bürgerbüro im Rathaus erhältlich. Wer möchte, kann den LEER-Pfad zusammen mit ausgebildeten Ökoführern der Stadt erkunden. In der Zeit vom März bis Oktober finden jeweils am 15. des Monats ab 15 Uhr Führungen statt; Treffpunkt ist die Agenda-21-Scheibe beim Mühlenplatz.

Außerdem bietet die Germania Schiffahrtsgesellschaft stadtökologische Hafenrundfahrten mit dem Grachtenboot „Koralle" an. Das Konzept für die mobile LEER-Pfad-Station auf dem Wasser haben ebenfalls Bürger der Stadt erarbeitet.

Fahrradstadt

Den Leeraner Agenda-Prozess, der mittlerweile über 1000 Leeraner „auf den LEER-Pfad brachte", setzte die Stadt Leer zusammen mit der Volkshochschule und dem Arbeitskreis Stadtmarketing Leer in Gang. Der ASL selbst, zu dem sechs Arbeitskreise gehören, war 1992 aus einem runden Tisch entstanden, an dem sich engagierte Bürger sowie Vertreter der Wirtschaft und der Stadt Leer mit ungelösten Verkehrsproblemen beschäftigten. Seitdem versteht sich der Zusammenschluss als Ideengeber für eine positive und zukunftsweisende Stadtentwicklung.

Im November 1994 wurden die Leeraner zu einer Zukunftswerkstatt eingeladen, auf der das Grünzonen-Radwegesystem der Stadt Leer entwickelt wurde. Drei Jahre später eröffnete der damalige Bürgermeister Günther Boekhoff in Leer die ersten Fahrradstraßen Niedersachsens, und 2002 wurde die ostfriesische Stadt zur fahrradfreundlichsten in Niedersachsen ernannt.

Für Radler ideal ist der 33 Kilometer lange Äußere Ring des LEER-Pfades, der den Inneren ergänzt und durch blaue Farbmarkierungen ausgewiesen ist. Er führt um Leer herum durch die abwechslungsreichen Landschaften von Geest und Marsch, angefangen beim Naherholungsgebiet Leeraner Westerhammrich in Heisfelde, das für den Bau der Autobahnen A 28 und A 31 ausgesandet wurde. Dabei entstand ein 15 Hektar großer und bis zu 20 Meter tiefer See, der den Mittelpunkt der naturnah gestalteten Landschaft bildet.

Am Wasserwerk vorbei geht es schließlich auf dem Ostfriesland-Wanderweg, der auf der ehemaligen Kleinbahn-Trasse verläuft, durch Julianen- und Philippsburger Park sowie – nach einem kleinen Abstecher über Logabirum – zur Evenburg. Von da aus führt der Weg an den Flussmarschen von Leda und Ems entlang, wobei das Ledasperrwerk, die Seeschleuse und die Festung Leerort passiert werden.

Natur erleben

Im Mai 2003 wurden im Leeraner Westerhammrich die ersten sechs LEER-Pfad-Stationen des Äußeren Ringes eingeweiht; dazu gehören Kopfweiden, eine Streuobstwiese mit einem Pavillon, den Bürger unter Anleitung des Metallgestalters Günter Zimmermann geschmiedet haben, eine Lehmhütte und ein Insektenhotel. Der Agenda-Prozess dürfte die Leeraner noch ein paar Jahre in Atem halten: Insgesamt sollen 29 Stationen den Äußeren Ring säumen, was jeweils mit viel Aufwand verbunden ist. So wird aus einem asphaltierten Parkplatz bei der Kirche von Logabirum ein Dorfplatz mit Raum für Natur. Dort lautet das Thema der LEER-Pfad-Station: „Entsiegelung: Mutter Boden – ohne Luft kein Leben."

Mit von der LEER-Pfad-Partie sind auch die Schutzgemeinschaften Naherholungsgebiet Leeraner Westerhammrich, Wallheckenlandschaft Leer und Evenburg-Park/Logaer Westerhammrich, durch deren Gebiet der Äußere Ring verläuft. Sie sind jeweils aus Bürgerinitiativen entstanden, die sich mit Erfolg gegen die Zerstörung von Kultur- und Naturlandschaften in Leer wehrten. Nun engagieren sie sich – und das ist typisch für Leer – vereint mit der Stadt für deren Erhalt.

Durch Bürgerproteste, die mit dem Aufschrei gegen die Altstadt-Zerstörung vergleichbar sind, bildete sich Ende 2001 die Schutzgemeinschaft Wallheckenlandschaft Leer. Sie zählte bereits vier Jahre später über 460 Mitglieder. Initiator ist der Arzt Dr. Heiner Buschmann, der gegen die Ausweisung eines Neubaugebietes in einem bis dahin ungestörten Wallheckengebiet in Logaerfeld kämpfte. Anfang Juni 2003 eröffnete die Schutzgemeinschaft eine 27 Kilometer lange Wallhecken-Erlebnistour, die von der Mühle in Logabirum durch den Logabirumer Wald bis zur Pünte und über die Evenburg zurück zur Mühle führt.

Bei der 2005 eingeweihten Raststation am Fettpottsweg können rund 30 Radler verschnaufen und die wunderschönen Einblicke in die Wallhecken-Landschaft genießen. Die Schnittstelle von Ostfriesland-Wanderweg, Äußerem Ring, Fehnroute und Wallhecken-Erlebnistour ist ein hervorragender Standort für die Wallhecken-Station des Stadtökologischen LEER-Pfades.

Begeisterte Radwanderer haben in Leer Anschluss an die 160 Kilometer lange Deutsche Fehnroute und die Internationale Dollard Route, die durch idyllische Polderlandschaften im deutsch-niederländischen Grenzgebiet führt. Sie ist insgesamt 180 Kilometer lang. Die beiden bundesweit bekannten Radrouten sind in das insgesamt 786 Kilometer lange Radwegenetz des Feriengebiets Südliches Ostfriesland integriert. Wer das Rad zur Abwechslung mit dem Kanu kombinieren möchte, kann von der Paddel- und Pedalstation in Loga aus auf Leda und Jümme bis zur 14 Kilometer entfernten Station Stickhausen paddeln.

Ein beliebtes Ausflugsziel für Gartenliebhaber ist der 1985 gegründete Wassergarten in Nortmoor, der 1290 Teiche und rund 100 Brunnen neben Bachläufen, Wasserspielen sowie einen 3500 Quadratmeter großen Staudengarten präsentiert. Naturfreunde sollten unbedingt einen Abstecher zu einem naturnahen Gebiet am Rande der Stadt Leer machen: Zwischen Bingum und Coldam weiden auf einer Fläche von 40 Hektar zurückgezüchtete Auerochsen und Wildpferde, die vom Naturschutzbund (NABU) in Ostfriesland betreut werden. Sie schaffen auf diese Weise eine mosaikartige Landschaft als Rückzugsmöglichkeit für bedrohte Tiere und Pflanzen. Um das Gebiet herum führt ein Rundwanderweg, der an einer Beobachtungskanzel beginnt. Von einer Holzbrücke aus können die Urzeit-Tiere, die darunter durch die feuchte Marsch ziehen, besonders gut beobachtet werden. Damit kehrt gewissermaßen ein Stück Steinzeit nach Leer zurück.

Der Bootshafen von Loga.

AIRGATE
AIRGATE
AIRGATE

Oktoberfest von Ostfriesland

Seit dem Jahre 1508 bildet der Gallimarkt den Höhepunkt im Veranstaltungsreigen der Stadt Leer.

„Radeau, radeau, raditjes doe,
De Stadt, de hört de König toe,
Radeau, radeau raditjes dum!
De Börgemester let verbeden:
Nümms mag kopen of verkopen,
Bevör de Klocke negen sleit,
Bi Verlüß van Goderen.
Un all, wat over tein Pund weggt,
Is na de Waage to brengen,
Un darno fiev Dag free Markt.“

Wenn der stimmgewaltige Ausrufer mit diesen Versen um 11.30 Uhr den Gallimarkt in Leer eröffnet, drängen sich Tausende von Zuschauern um die Rathaustreppe und in der Rathausstraße. Sie haben das Gefühl, an einem jahrhundertealten Ritus teilzunehmen. Doch der Eindruck trügt: Die drei Herolde in ihren malerischen Landsknechtskostümen hatten ihren ersten Auftritt im Jahre 1907, als Leer das 400-jährige Bestehen des Gallimarkts feierte.

Sie führten den großen Festumzug an, in dem Vertreter der Handwerker und Zünfte sowie Personen der Geschichte durch die Stadt marschierten, die in Leer seit der Verleihung des Marktrechts durch Edzard den Großen im Jahre 1508 eine Rolle gespielt hatten. Zu einem König, nämlich Georg von Hannover, gehörten die Leeraner erst im 19. Jahrhundert, und das auch nur für kurze Zeit.

Der Gallimarkt, der seit 1952 fünf tolle Tage währt, spielt heute wie vor rund 400 Jahren eine zentrale Rolle – und das nicht nur im Veranstaltungsreigen der Stadt Leer, wo am zweiten Mittwoch im Oktober die fünfte Jahreszeit beginnt: Seit 1860, als das erste Karussell seinen Einzug hielt, hat sich der Gallimarkt zum Oktoberfest von Ostfriesland entwickelt, das alljährlich über eine halbe Million Menschen anzieht. Sie flanieren gut gelaunt über Königs-, Garrels-, Pferdemarktstraße und Große Bleiche an 250 Marktständen entlang, erfreuen sich an den zahlreichen Karussells und Fahrgeschäften und genießen vom Riesenrad aus eine faszinierende Aussicht auf Leer. Zu den Höhepunkten des Gallimarkts, der seit 1865 von der Stadt Leer organisiert wird, gehört alljährlich ein fulminantes Feuerwerk am Freitag und eine abendliche Lampionfahrt des Seglervereins Leer am Sonnabend.

Den Viehmarkt, mit dem vor 400 Jahren alles begann, gibt es auch noch. Er ist allerdings seit 1820 vom übrigen Gallimarkt getrennt und wechselte 1928 auf das heutige Viehhof-Gelände auf der Nesse. Rund 1000 Kühe, Rinder und Bullen stehen in der Ostfrieslandhalle, die der Verein Ostfriesischer Stammviehzüchter (VOSt) 1982 errichtet hatte. Viehhändler und Bauern verhandeln lautstark wie in

Links: Gallimarkt – das Ereignis des Jahres.
Rechts: Die Herolde eröffnen den Gallimarkt.

Die Ostfrieslandhalle ist Schauplatz der Ostfriesischen Pferdewoche.

alten Zeiten per Handschlag, und das bereits im Morgengrauen. Um acht Uhr morgens haben 90 Prozent der Tiere ihren Besitzer gewechselt.

Beim Viehmarkt lebt der ursprüngliche Gallimarkt wieder auf, der anfangs am 16. Oktober stattfand. Am so genannten St.-Gallus-Tag hatten Bauern, Knechte und Mägde endlich Zeit, in die Stadt zu gehen: Die Ernte war eingebracht, das Vieh von der Weide geholt. 1820 wurde der Gallimarkt auf den Mittwoch nach St. Gallus verlegt, weil an den Gallus-Sonntagen zu viele Leeraner dem Gottesdienst fernblieben.

Seit 1949 findet alle zwei Jahre gleichzeitig eine weitere Großveranstaltung in den Ausstellungshallen des VOSt und einem Zeltkomplex davor statt: die Ostfrieslandschau. Rund 300 Aussteller aus ganz Ostfriesland und den benachbarten Niederlanden nutzen die Gelegenheit, sich bei der ältesten Verbraucherausstellung im ostfriesischen Raum vor rund 140 000 Besuchern zu präsentieren. Aus der ursprünglich landwirtschaftlich geprägten Schau ist eine moderne Informationsveranstaltung mit einem attraktiven Unterhaltungsprogramm geworden. Entsprechend rückte das Ostfrieslandmädel mit der Teekanne, das die Ostfrieslandschau seit Anbeginn symbolisiert, inzwischen an den Rand der Plakate.

Den Mittelpunkt der Ostfrieslandschau bildet der Stand der Stadt Leer in Halle 5, um den sich die Partnergemeinden und -städte sowie die Tourismuszentrale und der Ledatreff gruppieren. Die Partnerstädte Wolgast in Mecklenburg-Vorpommern, Elblag in Polen und Trowbridge in England verleihen der Veranstaltung internationales Flair. Darüber hinaus ist Leer über das Schulhilfswerk „Arabras" mit dem brasilianischen Araguacema verbunden.

Die Welt ist auch Anfang März zu Gast, wenn der VOSt auf der Excellentschau in der großen Halle seine Spitzenkühe sowie die Nachkommen der besten Zuchtbullen präsentiert. Bei der Wahl der Miss Ostfriesland, der schönsten Kuh im Lande, fiebern die 2500 Zuschauer mit den Züchtern. Die Bronzekuh, die 2003 anlässlich des 125-jährigen Bestehens vor der Ostfrieslandhalle aufgestellt wurde, ist nach den Idealmaßen der Rekord-Kühe von Reemt Bogena vom Neßmersieler Deich- und Sielrott und Tjardo Kleen aus Coldinne geschaffen worden. Auch zu den monatlichen Auktionen reisen Käufer von weit her an, denn die ostfriesischen Schwarzbunten genießen Weltruf.

Seit 1998 ist die Halle vor oder nach der Excellentschau Schauplatz der Ostfriesischen Pferdewoche, die das ganze bunte Spektrum von Pferdezucht und -sport in Ostfriesland vor Augen führt; zugleich werden international bekannte Spitzenpferde und -reiter präsentiert. Zu den Höhepunkten, der Hengstvorführung am Freitag und dem Gala-Abend am Sonnabend, kommen jeweils rund 3000 Zuschauer aus der Region. An den Turnieren im Springen und in der Dressur, mit denen die Reitsaison in Ostfriesland eröffnet wird, nehmen die besten Reiter im Nordwesten teil.

Die Viehauktion zum Gallimarkt lockt Käufer von weit her an.

Aber auch in der Leeraner Innenstadt ist immer etwas los. Dafür sorgt nicht zuletzt die Leeraner Werbegemeinschaft, zu der sich 100 Firmen der Stadt zusammengeschlossen haben. Sie laden zu Weinfesten sowie zum Schlemmen und Shoppen ein, organisieren den Königinnendag im April und ein Oldtimer-Treffen im Mai und zeigen bei den „KulturTagen" im Juni, dass die Leda-Stadt auch künstlerisch wertvoll ist. Weitere Höhepunkte im Stadtleben sind das Stadtfest Ende Juli, der Herbstmarkt im September und der Weihnachtsmarkt, der die Geschäftsstraßen in ein Wintermärchen verwandelt.

Der Viehmarkt in den Hallen des VOSt auf der Nesse.

Leer im Advent mit dem „Wiehnachtsmarkt achter d' Waag".

Verkauf
Wein
Wolff

Wenn es um Schiffsersatzteile geht

›› Schiffsersatzteilservice

- Beschaffung von Ausrüstung und Ersatzteilen
- Zusammenstellung der Lieferungen
- Lagerung im eigenen Zollager
- weltweite Versendung per See- und Luftfracht
- direkte Anlieferung an Bord
- internationaler Kurierdienst
- Besatzungswechsel
- Zollklarierung

›› Schwertransportbegleitung

- Streckenprüfung
- Genehmigungs-Service
- Voraus Begleitungen (Polizei ersetzend)
- Begleitung mit Wechselverkehrszeichenanlage
- Schwertransporte

›› Supercargo

- Ladungsvorbereitung
- Stauplanung im Schiff
- Lieferung von Anschlag- und Laschgeschirr
- Durchführung der Beladung
- Organisation der Entlöschung
- Planung und Durchführung des Nachlaufes bis zur Ablieferung beim Empfänger

Für kleine und eilige Teile …

Mit der Flotte unterwegs

Auch mit ContainerChassis in ganz Europa

Große und schwere Güter zu allen Häfen Europas

Oder auch mit außergewöhnlichen Abmessungen

Und Proviant (auch tiefgekühlt)

Maritime Service & Transport
Kapitän Claas-H. Braitsch

Großer Stein 10 · 26789 Leer
Telefon (04 91) 9 25 88-0 · Telefax (04 91) 9 25 88-25
www.mst-braitsch.de · E-Mail: info@mst-braitsch.de